KB042074

논어

論語

논어

論語

공자의 문도들 지음

조광수 옮김

책세상

일러두기

1. 이 책은 《논어論語》 20편을 모두 옮긴 것이다.
2. 하안何晏의 《논어집해論語集解》를 번역 대본으로 삼았다.
3. 주는 모두 옮긴이주이며 후주로 처리했다.
4. 필요한 경우 옮긴이가 보충한 말이나 짤막한 설명은 [ ] 안에 넣었다.
5. 필요한 경우 한자를 병기하되, 음이 같은 경우는 바로 병기했고 음이 다르고 뜻만 같은 경우는 원문의 한자를 [ ] 안에 넣었다.
6. 맞춤법과 외래어 표기는 1989년 3월 1일부터 시행된 <한글 맞춤법 규정>과 《문교부 편수자료》를 따랐다. 단, 중국어의 경우 중국어 표기법에 따르지 않고 우리 한자음대로 표기한 뒤 한자를 병기했다.

논어 | 차례

중국에 이홍장李鴻章이라는 인물이 있었다. 청대 말의 정치인이자 자존심 강하고 기세 당당한 무인이었던 그는 영국 여왕이 키우라고 선물한 개를 잡아먹고 태연히 배를 두드리기도 했고, 조선 말의 정치 변동에 개입하여 대원군을 연금하기도 했다. 그런 그도 풍운의 시대를 산 탓에 험한 일을 많이 겪었다. 아편전쟁 이후 그는 연전연패하는 중국을 대표하여 여러 불평등 조약에 서명하는 악역을 맡았다. 치욕적인 조인식이 끝나면 서양인들을 식사에 초대해서 해삼탕을 대접했는데, 그는 젓가락질에 서툰 서양 사람들이 미끄러운 해삼탕을 흘리고 놓치고 하며 힘들게 먹는 모습을 보면서 가가 대소했다고 한다. 그 일은 그에게 큰 위안이 되어주지는 못하더라도 어느 정도의 기분 전환은 가져다 주었을 것이다. 당시 그는 일본 근대화의 주역인 이토 히로부미[伊藤博文]와 만나 대화를 나눈 적이 있다. "아니, 내가 귀국의 개혁을 종용하지 않았습니까? 그런데 10년이 지나도록 아무런 변화가 없네요"라고 이토 히로부미가 말하자 이홍장은 "우리에겐 전통이 있습니다"라고 대답한다. 이 대목에서 이홍장이 말한 전통이란 무엇일까?

중국은 전통이 강한 나라다. 숨막힐 정도로 켜켜이 쌓여 있는 전통은 그들의 자랑인 동시에 짐이다. 사실 화려한 전통이란 변화를 가로막는 장애물일 수도 있지만 어려운 상황에서 품위와 위신을 잃지 않도록 지켜주는 버팀목 역할도 한다. 그 전통의 주요 내용이 바로 공자孔子의 사상이다. 중국의 역사는, 아주 거칠게 말하면 공자에게 찬성한 사람과 공자에게 반대한 사람 사이의 갈등의 역사라고도 할 수 있다. 외유내법外儒內法의 형태이든 외유내도外儒內道의 모습이든 공자로 대표되는 유가儒家는 중국 전통의 주류이다. 물론 2,000년의 중국 정치사는 공자에게 반대해서 잘된 경우가 별로 없다는 것을 증명하고 있다.

공자의 생각이 담긴 책인 《논어論語》를 번역하면서 공자가 지난 2,000년 동안 중국 전통의 중심에 군림할 수 있었던 이유를 다시 한번 확인할 수 있었다. 공자 사상의 힘은 한마디로 이상성과 현실성을 절묘하게 겸비하고 있다는 데 있다. 천륜과 인륜을 지키며 제 본분을 다하면서 힘써 배우고, 또 배운 것을 사회에 환원하라는 공자의 가르침은 시공을 초월해 옳은 이야기다. 그렇게만 된다면 문자 그대로 유정有情한 천하가 될 것이다. 그런데 여기서 더 의미 있는 것은 공자가 말로만 그런 가르침을 펼친 것이 아니라 스스로 그것을 실천하려 애썼다는 사실이다. 공자의 사상을 거부하건 추종하건 간에 누구든지 인정하지 않을 수 없는 사실은 공자가 평생을 아주 열심히 살았다는 것이다. 공자는 열다섯 살에 뜻을 세워 일흔 살까지 성실하고 진지하게 살았다. 곳곳에 유혹과 위험이 숨어 있는 난세를 살면서도 답답하고 안타까울 정도로 삼가는 자세를 잃지 않았다. 자기를 닦는 데 꾀부리지 않고 남을 가르치는 데 게으르지 않았던 인생, 학문이 그대로 지성이 되고 그 지성이 인격으로 결정되어버린 지혜롭고 따뜻한 인물. 비록 그가 당대에 출사표를 던지며 뜻을 실현하지는 못했다 하더라도 그의 삶의 자세는 그 자체로 귀한 것이 아닐까?

감동을 주는 것은 공자의 풍모만이 아니다. 공자가 강조한 인격 수양과 출사의 관계는 전통 시대 지식인들이 취하는 처세의 한 전형이 되었고, 덕 있는 사람이 통치자가 되어야 한다는 위정재덕爲政在德의 주장은 모든 정치인의 귀감이 되어왔다. 파렴치한 권력을 우아한 도덕으로 안으려 했던 그의 노력은 폭정이 이어지지 않게 막아주는 방부제 역할을 해왔다. 성인 군주와 군자가 꾸려가는 감화의 정치라는 공자의 구상은 지도자들의 일탈 행위를 막아내는 보루로 작용했고, 적어도 못난 지도자들이 부끄러움은 알 수 있도록 해주었다. 위계 질서, 조화, 안정성을 중시한 공자의 사상은 비록 보수

적이기는 하지만 중국 사회가 오랫동안 초超안정적 구조를 유지할 수 있도록 해준 원동력이기도 하다.

물론 공자의 생각과 주장 속에는 요즘의 시각으로 보면 이해되지 않는 대목도 있다. 가당치 않은 대목도 한두 군데가 아니다. 또한 그의 잘못은 아니지만, 후에 왜곡된 부분도 많다. 공자의 유연하고 탄력적인 생각은 한나라 때 유학이 통치 이데올로기가 된 이후 교조적인 숭배자들과 정략적인 위정자들에 의해 많은 부분 진의가 뒤틀리고 손상되었다. 공자가 죽어야 나라가 산다는 유치한 주장은 상당 부분 왜곡된 공자의 모습에 기인한다. 뭔가 일이 잘 되지 않으면 그것을 다 공자 탓, 유교 탓으로 돌리는 일이 꽤나 많았었는데 사실 공자로서는 억울해할 만한 대목도 많다. 그러나 공자의 공과가 어떻든간에 이것만은 분명하다. 공자는 사람의 선함을 키워주려 했고, 정치의 선성善性을 제고하려 했다. 사람에 대한 깊은 애정, 사회에 대한 깊은 문제 의식, 그리고 사명감에서만큼은 공자를 이길 후학들이 많지 않다. 이것이 우리가 공자의 언행을 읽는 결정적인 이유이다.

《논어》는 공자가 그의 제자들 및 당대의 주변 인물들과 나눈 대화를 후세의 제자들이 정리해 만든 책이다. 문자 그대로, 공자가 논하고 말한 내용이 담겨 있다. 그런데 공자와의 대화 내용을 그대로 정리한 글이다 보니 《논어》는 서론, 본론, 결론과 일관된 주제를 갖춘 논문과는 달리 일목요연하지 못하다. 또 뒤에 나온 《맹자孟子》나 《순자荀子》와 달리 다른 학파의 맹장들과 격렬하게 논쟁하는 대목도 담고 있지 않다. 논쟁에 이기기 위해 온갖 비유를 동원하고 칼 같은 논리를 세우는 일도 없다. 그저 이것은 이것이고 저것은 저것이라고 공자가 선문답하는 식이다 보니 다소 싱거운 느낌도 있다. 하지만 찬찬히 한 대목 한 대목 읽어나가다 보면 얼굴이 붉어지고 마음이 뜨거워지는 것을 느끼게 된다. 꿈이 큰 만큼 한과 원도 큰, 커다란 한 인간의 깊은 숨소리를 듣게 된다. 평생 정의를 찾아 다닌 플라톤이 만년에 결국 현실에 대한 기대를 포기하고 '정의는 네 양심에서 찾으라'고 했을 때의 그 심정을 공감하게 된다.

나는 《논어》를 번역하면서 《논어》를 바이블이 아닌 고전의 하나로 대우했다. 그래서 '공자왈孔子曰'을 '공자님이 말씀하셨다' 또는 '선생님이 말씀하셨다'로 번역하지 않고 '공자가 말했다'로 번역했다. 그리고 직역을 하면 도저히 뜻이 통하지 않는 구절에서는 나의 느낌을 섞어 풀어서 번역했다. 아마 이런 점이, 좀더 많은 독자가 고전을 접하기를 희망하는 '책세상 문고·고전의 세계'가 나에게 《논어》의 번역을 맡긴 이유가 아닐까 싶다. 공자를 존경하지만, 구절 하나하나에 매몰되지 않는, 단어 하나하나에 연연해 전체적인 뜻을 경직되게 만들지 않는 자연스러운 번역을 하고자 했다. 공자님 말씀을 바이블로 여기는 분들은 어쩌면 질겁할지도 모른다. 하지만 고전은 늘 해석되고 또 재해석되어야 한다.

이 책은 《논어》의 완역이다. 원문의 무게를 느낄 필요 없이 가능한 한 쉽게 읽어 내려갈 수 있게 했다. 이 정도 분량이면 책을 집어 든 자리에서 큰 호흡으로 바로 끝까지 읽어 내려갈 수 있을 것이다. 원래 고전 읽기란 대가들과 고담준론高談峻論을 함께 나누는 일이다. 시대의 아픔을 누구보다도 예민하게 느낀 대가들이 개혁이든 혁명이든 또는 보수로의 회귀든 자신의 고민과 포부를 정교한 언어로 표현한 것이 고전이다. 앉은자리에서 고전을 한 권 통독할 수 있다면 그것도 괜찮은 일일 것이다.

옮긴이 조광수

제1장

학이 學而

공자가 말했다. "배우고 때맞춰 익히면 또한 기쁘지 않겠는가.[1] 벗이 멀리서 찾아주면 그 또한 즐겁지 않겠는가. 남들이 알아주지 않아도 화내지 않으면 그 또한 군자가 아니겠는가."

유자有子[2]가 말했다. "그 사람됨이 효성스럽고 공손한데도 윗사람에게 덤비는 경우는 드물다. 윗사람에게 덤비는 짓을 잘 안 하는데도 분란 일으키기 좋아하는 사람은 있을 리 없다. 군자란 근본에 힘을 써야 한다. 근본이 서야 도가 생기는 법이다. 효와 공손은 인仁의 근본이다."

공자가 말했다. "말을 번지르르하게 하고 얼굴 표정을 잘 꾸미는 사람 중에 사람다운 사람은 드물다."

증자曾子[3]가 말했다. "나는 날마다 나 자신을 세 가지로 되돌아본다. 사람들과 일하면서 충실하지 않았던 것은 아닌가. 벗과 사귀면서 미덥지 않았던 것은 아닌가. 배운 것을 익히지 않았던 것은 아닌가."

공자가 말했다. "천승千乘의 나라[4]를 다스릴 때는 진지한 자세로 일해야 하고 믿음직스러워야 할 것이며 물건은 규모에 맞게 쓰고 사람은 아껴 써야 한다. 그리고 백성을 동원하는 것은 때를 잘 맞춰 해야 한다."

공자가 말했다. "나이 어린 사람들은 집에 들어와서는 효도하고 밖에 나가서는 공손해야 한다. 신중히 행동하고 믿음직스러워야 한다. 두루 여러 사람을 아끼고 어진 사람을 가까이해야 한다. 이렇게 하고 남는 힘이 있으면 글을 배워야 한다."

자하子夏[5]가 말했다. "지혜로운 사람을 지혜롭게 대하기를 예쁜 사람 예뻐하듯 하고, 부모 섬김에 온 힘을 다하고, 임금 모시기에 온몸을 바치고, 벗 사귀기를 믿음직스럽게 한다면 비록 배우지 못했다 하더라도 나는 반드시 그를 배운 사람이라고 부를 것이다."

공자가 말했다. "군자가 언행이 무겁지 않으면 위엄이 없고 배워도 확고하지 않다. 충실함과 믿음직함을 중시하고 자기보다 못한 사람을 벗으로 삼지 않으며 허물이 있으면 고치기를 꺼리지 말아야 한다."

증자가 말했다. "장례를 신중히 치르고 조상을 잘 추모하면 백성의 덕이 두텁게 모일 것이다."

자금子禽[6]이 자공子貢[7]에게 물었다. "공자가 이 나라에 오면 반드시 정치에 대해 듣곤 합니다. 그런데 이러는 것이 공자가 원해서입니까, 아니면 나라에서 알아서 상의를 드리는 것입니까?" 이에 자공이 말했다. "선생님께선 따뜻하고 담백하며 공손하고 검소하십니다. 그런데도 [나서지 않고] 사양하시니 그런 대우[정치 자문]를 받으시는 것이지요. 우리 선생님의 바람은 다른 사람들의 바람과는 다릅니다."

공자가 말했다. "어버이가 살아 계실 때는 그 뜻을 헤아리고 돌아가셨을 때는 남기신 행적을 살펴야 한다. 삼 년 동안 어버이의 방식을 고치지 않아야 효라 할 만하다."

유자가 말했다. "예를 실천하는 데는 조화로움이 중요하다. 선왕先王의 도道도 이 조화로움을 소중하게 여겼고, 크고 작은 일들이 다 여기에서 생겨나는 것이다. 하지만 조심해야 할 것은 조화로움만 알고 예로 조절하지 않는 것이다. 그렇게 되면 헛일이다."

유자가 말했다. "약속이란 것도 정의로워야 지켜지는 것이고, 공손함도 예에 가까워야 치욕을 당하지 않게 되는 것이다. 의지하되 친근함을 잃지 않아야 존경받게 되는 것이다."

공자가 말했다. "군자는 먹어도 배부름을 추구하지 않고, 사는 데서도 편안함을 구하지 않는다. 맡은 일은 부지런히 하고 말은 신중하게 한다. 도를 닦은 선학들을 통해 자신을 바로잡는다. 이 정도면 호학好學한다고 말할 수 있다."

자공이 말했다. "가난하지만 비굴하지 않고 풍족하지만 뽐내지 않는 것은 어떻습니까?" 공자가 말했다. "괜찮지. 그러나 가난해도 즐길 줄 알고 풍족해도 예를 좋아하는 것만은 못하겠지." 자공이 말했다. "《시경詩經》에 절차탁마切磋琢磨한다는 구절이 있더니 바로 그 말씀이로군요." 공자가 말했다. "이제 이 사람 자공과 더불어 시를 논할 수 있겠구나. 지난 것을 얘기해주니 올 것을 미루어 안다는 말씀이야."

공자가 말했다. "다른 사람이 나를 알아주지 않는다고 걱정하지 말고 내가 남을 알아주지 못함을 걱정하라."

제2장

위정爲政

공자가 말했다. "정치는 덕으로 하는 것이다. 이를테면 북극성이 제자리에 가만히 있어도 모든 별들이 그 주위에 모이는 것과 같다."

공자가 말했다. "시 삼백 편을 한마디로 하면 생각에 어긋남이 없다는 것이다."

공자가 말했다. "권력을 써서 따라오게 하고 형벌로 다스리면 백성들이 면하려고만 하지 부끄러운 줄을 모른다. 하지만 덕으로 이끌고 예로 다스리면 부끄러워할 뿐 아니라 스스로를 바로잡아 선하게 된다."

공자가 말했다. "내 나이 열다섯에 배움에 뜻을 두었고, 서른에 섰으며, 마흔에 유혹을 이겼고, 쉰에 하늘의 뜻을 알았으며, 예순에 무슨 말이든 다 들어줄 수 있게 되었고, 일흔에 이르러서는 내 마음이 하자는 대로 해도 경우에 어긋나지 않게 되었다."

맹의자孟懿子8가 효에 대해 물었다. 공자가 대답했다. "어기지 않는 것입니다." 번지樊遲[9]가 [공자와 함께 마차를 타고] 말을 몰았다. 공자가 "맹손이 내게 효에 대해 묻기에 어기지 않는 것이라고 대답해주었다"라고 알려주었다. 번지가 말했다. "무엇을 어기지 말아야 한다는 말씀이신지요?" 공자가 말했다. "어버이께서 살아 계실 때는 예로 섬기고 돌아가시면 예에 맞게 장례와 제사를 지내는 것이지."

맹무백孟武伯[10]이 효에 대해 물었다. 공자가 말했다. "어버이께선 오직 자식의 병을 걱정할 뿐이지요."

자유子游[11]가 효에 대해 물었다. 공자가 말했다. "요즘은 효를 그저 잘 먹이는 걸로만 얘기하더구나. 문제는 개나 말이나 다 먹여 기를 수 있다는 것 아니겠는가. 그러니 공경하는 마음이 있어야 [효도와 짐승 기르는 일의] 구분이 생기는 것이 아닐까."

자하가 효에 대해 물었다. 공자가 말했다. "[어버이 앞에서 아무 일 없는 듯] 얼굴빛을 편하게 꾸미는 것은 쉬운 일이 아니다. 일이 있으면 자식으로서 힘든 일을 마다하지 않고, 술과 음식이 생기면 먼저 상에 올려드리는 일도 의미 있겠지. 그런데 이런 정도를 가지고 어찌 효라고 할 수 있겠느냐."

공자가 말했다. "내가 안회顏回[12]와 더불어 하루 종일 얘기를 했는데도 그가 종일 내 말에 아무 반응을 보이지 않아 이 사람이 좀 모자라나 하고 생각했었다. 그런데 안회는 물러나서는 자신의 행실을 살피고 나아가 배운 것을 충분히 실천하고 있더구나. 안회는 아둔한 게 아니었다."[13]

공자가 말했다. "사람이 하는 바를 잘 지켜보고, 그렇게 하는 이유를 잘 헤아려보고, 무엇을 편안해하는지를 잘 따져보면 [다 드러나게 마련이니] 사람됨이 어찌 감추어질 수 있겠는가. 사람됨이 어찌 감추어질 수 있겠냐 말이다!"

공자가 말했다. "옛것을 익히고 새것을 알면 스승이 될 만하다."

공자가 말했다. "군자는 [쓰임새가 한두 군데로 정해져 있는] 그릇이 아니다."

자공이 군자에 대해 물었다. 공자가 대답했다. "먼저 실천하고 난 다음에 말이 따르는 사람이지."

공자가 말했다. "군자는 두루 통하고 편협하지 않지만, 소인은 편협하고 두루 통하지 못한다."

공자가 말했다. "배우기만 하고 생각하지 않으면 확실히 남는 것이 없고, 생각하기만 하고 배우지 않으면 위태위태하다."

공자가 말했다. "이단에 몰두하면 해로울 뿐이다."

공자가 말했다. "자로子路[14]야, 안다는 것이 무엇인지 가르쳐줄까? 아는 것을 안다고 하고 모르는 것을 모른다고 하는 것, 이것이 앎이다."

자장子張[15]이 벼슬 구하는 법을 배우려 했다. 공자가 말했다. "많이 듣고, 미심쩍은 일은 보류해놓고, 말을 신중히 하면 허물을 줄일 수 있을 것이다. 널리 보고, 위태로운 일은 보류해두고, 조심스레 행동하면 뉘우칠 일을 줄일 수 있을 것이다. 말에 허물이 적고 행동에 뉘우침이 적으면 벼슬은 바로 그 안에 있는 것이다."

애공哀公[16]이 물었다. "어떻게 하면 백성들이 따르게 할 수 있습니까?" 공자가 대답했다. "반듯한 사람을 굽은 사람 위에 놓으면 백성이 따를 것이고, 굽은 사람을 반듯한 사람 위에 놓으면 백성이 따르지 않을 것입니다."

계강자季康子[17]가 물었다. "백성이 진지함과 충실함과 자발성을 갖도록 하려면 어떻게 해야 할까요?" 공자가 말했다. "[당신이 통치자로서 먼저] 업무를 엄정하게 집행하면 [백성들은] 진지해질 것입니다. 위로는 어버이께 효도하고 아래로는 사람들을 따뜻하게 대하면 [백성들은] 충실해질 것입니다. 유능한 사람을 뽑아 쓰고 미숙한 사람을 잘 가르치면 [백성들은] 자발적이 될 것입니다."

어떤 이가 공자에게 물었다. "왜 선생님께선 정치에 참여하지 않으십니까?" 공자가 대답했다. "《서경書經》에 '효로다! 오직 효와 형제애로 정치를 한다'라는 말이 있습니다. [우아한 가족의 윤리를 정치로 연장·확대하는] 이런 것도 정치인데 어찌 그것만[적나라한 권력의 사용만] 정치라 하겠습니까."

공자가 말했다. "사람이 미덥지 않으면 사람이라 할 수 있

을지 모르겠다. 큰 수레에 멍에 채가 없고 작은 수레에 끌채
고리가 없다면 어떻게 나아갈 수 있겠는가."

자장이 물었다. "열 세대 뒤의 일을 알 수 있을까요?" 공자
가 말했다. "은나라는 하나라의 예를 이었으니 빼고 보탠 것
을 알 수 있다. 주나라는 은나라를 이었으니 빼고 보탠 것을
알 수 있다. 만일 주나라를 잇는 왕조가 있다면 백 세대 뒤라
도 충분히 알 수 있을 것이다."

공자가 말했다. "자기가 모실 제사가 아닌데도 제사를 모
시는 것은 아첨이다. 의를 알면서도 실천하지 못하는 것은
용기 없는 일이다."

제3장

팔일八佾

공자가 계씨季氏[18]에 대해 말했다. "[임금이나 추게 하는 춤인] 팔일무를 [대부인 주제에] 자기 집 뜰에서 추게 하다니! 이린 짓을 버젓이 할 수 있다면 무슨 일인들 못하겠는가."

[유력한 대부] 세 집안이 [천자의 전용 노래인] 옹雍을 연주하고 제사를 마쳤다. 공자가 말했다. "'제사를 돕는 이는 제후이고 천자는 느긋하고 흐뭇해한다'라고 했는데 어떻게 [제후도 아닌 대부] 세 집안의 사당에서 옹을 연주할 수 있단 말인가!"

공자가 말했다. "사람이 사람답지 않으면[不仁] 예가 무슨 소용 있겠는가. 사람이 사람답지 않으면 악樂은 또 무슨 쓸모가 있겠는가."

임방林放[19]이 예의 본질에 대해 물었다. 공자가 대답했다. "그런 질문을 하다니 정말 대단하네! 예는 사치스럽다기보다는 차라리 검소한 것이며, 상喪은 잘 치러야 한다기보다는 차라리 슬퍼해야 하는 것이네."

공자가 말했다. "오랑캐 나라에 임금이 있는 것이 중원의 나라가 망하는 것보다 못하다."[20]

[대부인] 계씨가 [천자나 제후만이 제를 올릴 수 있는] 태산에서 제사를 지내려 했다. 공자가 염유冉有에게 말했다. "네가 말릴 수 있겠느냐?" 염유가 대답했다. "못합니다." 공자가 말했다. "아, 세상에! 결국 태산이 임방만 못하다는 말이냐."[21]

공자가 말했다. "군자는 다투지 않지만 활쏘기만은 반드시 다툰다. 서로 읍하고 활을 쏜 다음 내려와서는 술을 마신다. 그 다툼은 군자다운 것이다."

자하가 물었다. "'보조개가 있는 얼굴에 다소곳한 웃음이 얼마나 아름다운가. 새까만 눈동자의 눈은 또 얼마나 고운가. 흰 비단에 꽃으로 채색을 하네'라고 했는데 무슨 뜻인지요?" 공자가 대답했다. "그림 그리는 일은 바탕이 있는 다음이란 뜻이지." 자하가 말했다. "예가 나중이란 말씀이시군요." 공자가 말했다. "네가 나를 일깨워주는구나. 이제야 과연 너와 더불어 시를 말할 수 있겠다."

공자가 말했다. "하나라의 예에 대해 내가 능히 말할 수 있지만 [그 후예인] 기杞나라가 충분히 증명하지 못하고 있고, 은나라의 예를 내가 능히 말할 수 있지만 [그 후예인] 송나라가 충분히 증명하지 못하고 있다. 다 문헌이 부족한 탓이다. 만약 그것이 충분하다면 내 능히 증명해 보일 수 있을 것이다."

공자가 말했다. "[천자가 태묘에 지내는 정례 제사인] 체禘제사22에서 첫 번째 술을 땅에 붓는 의식을 행한 다음부터는 보고 싶지 않다." 어떤 사람이 체제사의 이론에 대해 물었다. 공자가 "나는 잘 모르겠습니다. 그 이론을 아는 사람이 있다면 천하의 일을 마치 이것을 보는 듯 쉽게 할 수 있을 것입니다"라고 말하며 자신의 손바닥을 가리켰다.

조상에게 제사 지낼 때는 조상이 정말 계신 듯이 하였고, 신에게 제사 지낼 때는 신이 정말 계신 듯이 하였다. 공자가 말했다. "내가 직접 제사에 참여하지 않으면 그건 제사 지내지 않는 것과 같다."

왕손가王孫賈23가 물었다. "'안방 귀신에게 아첨하느니 차라리 부뚜막 귀신에게 아첨한다'는 말이 무슨 뜻입니까?" 공자가 말했다. "천만의 말씀입니다. 하늘에 죄를 지으면 기도한들 무슨 소용이 있겠습니까."

공자가 말했다. "주나라는 하나라와 은나라 두 왕조를 [두루] 살폈으니 빛나고 빛나도다. 주나라 문명의 찬란함이여! 나는 주나라를 따르리라."

공자가 태묘[태조의 사당]에 들어서서는 모든 절차를 물어서 따랐다. 누군가 말했다. "누가 추나라 땅의 자식[공자]이 예를 안다고 했는가? 태묘에 들어서더니 하는 일마다 묻지 않는가." 공자가 그 얘기를 듣고 말했다. "그렇게 하는 것이 바로 예다."

공자가 말했다. "[옛날에] 활쏘기를 가죽 뚫기 위주로 하지 않은 것은 [활쏘는 사람] 각자의 힘의 세기가 다르다는 사실을 인정했기 때문이다. 이것이 옛날 활쏘기의 규칙이었는데. [하지만 지금은 다 지난 시절의 얘기가 되고 말았다.]"24

자공이 매월 초하루에 종묘에 희생양을 바치는 의식을 없애려 했다. 공자가 말했다. "자공 이 사람아, 양이 아까워서 그러는가? 나는 [종묘에 경배하는] 그 예의 정신을 아낀다네."

공자가 말했다. "[실권을 빼앗기고 힘없이 있는] 임금이지만 그래도 [신하로서 임금을] 섬기기에 예를 다하는 것을 보고 사람들은 아첨이라고 말하는구나."

정공定公25이 물었다. "임금은 신하를 어떻게 대해야 합니까? 그리고 신하는 임금을 어떻게 섬겨야 합니까?" 공자가 대답했다. "임금은 신하를 예로 대하고, 신하는 임금을 충성스럽게 섬기면 됩니다."

공자가 말했다. "《시경》의 〈관저關雎〉 편은 즐겁지만 음란하지 않고, 애틋하지만 고통스럽지 않다."

애공이 재아宰我에게 사직社稷26에 쓸 적합한 나무에 대해 물었다. 재아가 대답했다. "하나라는 소나무를 썼고, 은나라는 잣나무를 썼습니다. 그리고 주나라는 밤나무를 썼지요. 모두 다 백성들을 두렵게 하려는 것이었습니다." 공자가 이 얘기를 듣고 말했다. "이미 지난 일이니 뭐라 말도 못하겠고, 다 끝난 일이니 야단도 못 치겠구나. 기왕에 있었던 일, 추궁할 수도 없구나."[27]

공자가 말했다. "관중管仲[28]의 그릇이 작구나!" 누군가 말했다. "관중이 검소하다는 말씀이십니까?" 공자가 말했다. "관중은 공관을 한 곳이 아닌 세 곳이나 썼고, 사람을 여럿 두어 각자 한 가지 일만 하게 했는데 어떻게 검소하다고 할 수 있겠는가." "그러면 관중은 예를 알았나요?" 공자가 말했다. "나라의 임금이라야 문 앞에 병풍처럼 숲을 두를[塞門] 수 있는데 관자[관중]는 [임금이 아닌데도] 그렇게 했다. 또 나라의 임금이라야 두 임금이 서로 좋게 만날 때 [화합을 상징하는] 술잔대를 둘 수 있거늘 관자는 [임금이 아님에도] 술잔대를 두었다. 관자가 예를 안다고 하면 누군들 예를 모른다고 하겠는가."

공자가 노나라 [국립 악단장인] 태사太師에게 음악에 대해 말했다. "음악에 대한 말인데요, 이제 알 것 같습니다. 시작할 때는 음조가 느슨하게 이어지다가 점차 빨라지고 밝게 진행되면서 쭉 이어져 한 대목이 끝나더군요."

의儀 땅의 경계를 지키는 어떤 사람이 공자를 만나기를 청하며 말했다. "이곳을 다녀간 군자 중에 내가 만나보지 않은 사람이 없었습니다." 공자를 따르는 사람이 그가 공자를 만날 수 있도록 해주었다. 그가 공자를 만나고 나서 말했다.

"여러분은 선생님께서 벼슬자리에서 물러나는 것을 뭐 그리 걱정하십니까? 천하에 도가 없어진 지 오래되었지요. 그래서 하늘이 선생님을 목탁으로 삼으려는 것입니다."

공자가 [순 임금의 음악인] 소韶29를 두고 말했다. "정말 아름답고, 정말 선하기도 하다." 무왕의 음악인 무武를 두고 말했다. "정말 아름답기는 하지만 정말 선하다고는 할 수 없겠다."

공자가 말했다. "윗자리에 있으면서 너그럽지 못하고, 예를 행하면서 공경하는 마음이 없으며, 상을 당하고서 슬퍼하지 않는다면 내가 무엇 때문에 그런 사람을 보겠는가."

제4장

이인里仁

공자가 말했다. "마을 인심이 어진 것이 아름답다. 어진 마을을 잘 골라서 살지 못하면 어찌 지혜롭다 할 수 있겠는가."

공지가 말했다. "인하지 않은 사람은 궁핍을 오래 견디지 못하고, 즐거움도 오래 누리지 못한다. 인자仁者라야 인을 편안히 여기고, 지자知者라야 인을 이롭게 여긴다."

공자가 말했다. "오직 인자만이 사람을 제대로 좋아할 수 있고 제대로 미워할 수 있다."

공자가 말했다. "정녕 인에 뜻을 두면 결코 해로운 일이 없을 것이다."

공자가 말했다. "부유한 것과 귀하게 되는 것, 이것은 사람이라면 누구나 다 바라는 바다. 하지만 정당한 방법으로 얻은 것이 아니라면 누리지 말아야 한다. 가난한 것과 비천한 것, 이것은 사람이라면 누구나 싫어하는 것이다. 하지만 정당한 방법으로 버릴 수 없다면 버리려고 해서는 안 된다." 군자가 인을 버리면 어떻게 이름을 얻겠는가. 군자란 밥 먹는 동안에도, 황급하고 구차스런 순간에도, 넘어지고 자빠지는 대목에서도 반드시 인에 어긋나지 않아야 한다.

공자가 말했다. "나는 지금껏 인을 정말 좋아하는 사람과 불인不仁을 정말 미워하는 사람을 보지 못했다. 인을 좋아하는 것이야 더 말할 나위도 없지만 불인을 미워하는 것도 인을 행하는 것이 된다. 왜냐하면 불인한 것이 몸에 붙지 못하게 만들어주기 때문이다. 하루라도 그 힘을 인에 쓰는 사람이 있던가? 힘이 부족해 못하는 경우를 난 보지 못했다. 글쎄, 어딘가 있겠지만 내가 아직 보지 못한 것이겠지."

공자가 말했다. "사람의 허물에는 유형이 있다. 그러므로 그 사람의 허물을 보면 그 사람됨을 알 수 있는 것이다."

공자가 말했다. "아침에 도를 들으면 저녁에 죽어도 좋다."

공자가 말했다. "선비라는 사람이 도에 뜻을 두었다고 하면서 허름한 옷과 거친 음식을 부끄러워한다면 더불어 의논할 일이 없다."

공자가 말했다. "천하의 일 중에 군자로서 [고집스레] 반드시 그렇게 해야 할 것도 없고 또 반드시 그렇게 하지 말아야 할 것도 없다. 그저 의義에 따를 뿐이다."

공자가 말했다. "군자는 덕을 생각하고 소인은 땅을 생각한다. 군자는 형벌을 염두에 두고 소인은 혜택받을 궁리를 한다."

공자가 말했다. "이해 관계에 얽매여 행동하면 원망이 많아진다."

공자가 말했다. "예와 겸양으로 나라를 다스릴 수만 있다면 무슨 어려움이 있겠는가. 예와 겸양으로 나라를 다스릴 수 없다면 예는 또 무엇에 쓸 것인가."

공자가 말했다. "지위를 얻지 못하는 것을 걱정하지 말고 지위에 맞는 덕성을 갖추고 있는지 여부를 걱정하라. 자신을 알아주지 않음을 걱정하지 말고 자신을 알아주게끔 노력하라."

공자가 말했다. "증삼[증자]아! 나의 도는 하나로 관통된다." 증자가 대답했다. "예, 그렇습니다." 공자가 밖으로 나가자 같이 공부하는 사람들이 물었다. "무슨 뜻이야?" 증자가 말했다. "선생님의 도는 충忠과 서恕일 따름이란 뜻이지."

공자가 말했다. "군자는 의에 밝고 소인은 이해 관계에 밝다."

공자가 말했다. "현명한 사람을 보면 그와 견줄 만큼 그와 같아질 생각을 하고, 현명하지 못한 사람을 보면 안에서 스스로 반성해야 한다."

공자가 말했다. "어버이를 섬길 때는 경우를 보고 조심스레 간諫해야 한다. [어버이가] 간하는 말씀을 듣지 않으시더라도 공경하는 마음으로 어버이의 뜻을 어기지 말아야 한다. 또한 힘에 부치더라도 원망해서는 안 된다."

공자가 말했다. "어버이 계실 때는 멀리 나가지 말고, 멀리

나갈 일이 있으면 반드시 자기가 있을 곳을 알려드려야 한다."

공자가 말했다. "[돌아가신 다음에도] 삼 년 동안 어버이께서 하신 바를 고치지 않으면 효도라고 할 만하다."

공자가 말했다. "어버이의 나이를 모르면 안 된다. [오래 사시니] 한편으로는 기쁘기 때문이고 또 한편으로는 [나이 많으심이] 두렵기 때문이다."

공자가 말했다. "옛 사람들이 말을 함부로 입 밖에 내지 않았던 것은 자신의 행동이 미처 말을 따라가지 못할까 부끄러워했기 때문이다."

공자가 말했다. "아껴서 잃는 경우는 별로 없다."

공자가 말했다. "군자는 말하는 데는 어눌하고 행동하는 데는 재빨라야 한다."

공자가 말했다. "덕은 외롭지 않다. 반드시 이웃이 있기 때문이다."

자유가 말했다. "임금을 섬길 때 자주 간하면 욕을 당하게 되고, 친구에게 자주 잔소리를 하면 서로 멀어지게 된다."

제5장

공야장公冶長

공자가 공야장公冶長[30]에 대해 말했다. "사위 삼을 만하다. 비록 오랏줄에 묶여 옥살이를 하고 있지만 죄가 있어서가 아니다." 그리고 딸을 주어 그의 아내로 삼게 했다.

공자가 남용南容[31]에 대해 말했다. "나라에 도가 있으면 버려지지 않을 것이고, 나라에 도가 없더라도 형을 받거나 죽임을 당하는 경우는 없을 것이다." 그리고 형의 딸을 아내로 삼게 했다.

공자가 자천子賤[32]을 두고 말했다. "군자로다, 저 사람은. 그런데 만약 노나라에 군자 같은 사람이 없었다면 저 사람인들 어떻게 군자가 되었겠는가."

자공이 물었다. "저는 어떤 사람입니까?" 공자가 대답했다. "너는 그릇이다." 자공이 물었다. "어떤 그릇인가요?" 공자가 대답했다. "제사에 쓰는 그릇이다."

어떤 사람이 말했다. "염옹冉雍[33]은 어질기는 한데 말주변이 없습니다." 공자가 말했다. "말주변을 어디에 쓰시려고요.

사람을 말재주로만 대하면 미움만 쌓게 되지요. 염옹 그 사람이 어진지는 잘 모르겠습니다만 말주변은 뭐 하시게요?"

공자가 칠조개漆彫開[34]에게 벼슬자리를 얻어주었다. 칠조개가 이에 대해 "저는 아직 믿을 만하지 못합니다"라고 말하자 공자가 기뻐했다.

공자가 말했다. "도가 행해지지 않고 있어 뗏목을 만들어 타고 바다로 나갈까 하는데, 나를 따를 사람은 자로밖에 없을 것이다." 자로가 그 말을 듣고 기뻐했다. 공자가 말했다. "자로가 용기를 좋아하는 것은 나보다 낫지만 그것 말고는 달리 취할 것이 없다."

맹무백이 물었다. "자로는 어진 사람입니까?" 공자가 대답했다. "모르겠습니다." 맹무백이 다시 한번 물었다. 공자가 말했다. "자로는 천승의 나라의 군사 업무는 충분히 맡길 만합니다. 하지만 그가 어진지는 모르겠습니다." "그럼 염유는 어떻습니까?" 공자가 대답했다. "염유는 천 호의 마을이나 백승의 고을[35]은 충분히 맡을 수 있습니다. 하지만 그가 어진지는 모르겠습니다." "공서화公西華는 어떻습니까?" 공자가 말했다. "공서화에게 의관을 갖춰 입고 조정에 나와 빈객을 접대하는 일을 맡길 수는 있습니다. 하지만 그가 어진지는 모르겠습니다."[36]

공자가 자공에게 물었다. "너와 안회 두 사람 중 누가 더 뛰어난가?" 자공이 대답했다. "제가 어찌 감히 안회를 바라보겠습니까. 안회는 하나를 들으면 열을 아는 사람이고, 저는 하나를 들으면 둘을 아는 정도입니다." 공자가 말했다. "같지 않지. 나도 네가 한 말에 동의한다. 너와 안회는 같지 않다."

재여[재아]가 낮잠을 잤다. 공자가 말했다. "썩은 나무에는 뭔가를 새겨 넣을 수 없고, 거름흙으로는 담장을 바를 수 없다. [저 딴청 부리는] 재여를 어떻게 꾸짖어야 할지 모르겠다." 공자가 말했다. "나는 처음에는 사람을 대할 때 그가 말을 들으면 곧 실천할 것으로 알았다. 그런데 요즈음 와서 사람을 대할 때는 그가 말을 듣고 나서 실천하는지를 [예전처럼 그냥 믿지 못하고] 살피게 되었는데 그게 다 재여 때문이다."

공자가 말했다. "나는 아직 강한 사람을 본 적이 없다." 이 말에 대해 누군가 말했다. "신정申棖[37]이 그런 사람인데요." 공자가 말했다 "신정이란 사람은 욕심 때문에 그러는 것인데 어떻게 강하다고 할 수 있겠는가."

자공이 말했다. "저는 남이 저에게 함부로 하는 것을 원하지 않고, 저 또한 남에게 함부로 하지 않을 작정입니다." 공자가 말했다. "자공아, 네가 할 수 있는 일이 아니다."

자공이 말했다. "선생님으로부터 문헌이나 문명에 관한 말씀은 충분히 얻어들을 수 있었지만, 인간의 본성과 하늘의 이치에 관한 말씀은 얻어들을 수 없었다."

자로는 들은 바를 충실히 실천하지 못하면 다른 말을 또 듣게 될까 봐 겁을 냈다.[38]

자공이 물었다. "공문자孔文子[39]는 어째서 문文이란 시호를 썼을까요?" 공자가 말했다. "행동이 굼뜨지 않으면서 배우기를 좋아했고, 아랫사람에게 묻는 것을 부끄러워하지 않았다. 그래서 문이라고 한 것이다."

공자가 자산子産[40]에 대해 말했다. "자산은 군자의 도를 네 가지나 가진 사람이다. 자기 처신이 공손했고, 윗사람을 공경히 섬겼으며, 백성을 먹일 때는 은혜롭게 했고, 백성을 부릴 때는 의롭게 했다."

공자가 말했다. "안평중晏平仲[41]은 인간 관계가 참 좋다. 오래 사귀어도 [여전히 함부로 하지 않고] 공경하는 마음을 갖고 있다."

공자가 말했다. "장문중臧文仲[42]은 거북이 껍데기를 보관하는 창고의 기둥머리에 산 모양을 조각하고, 동자기둥에는 마름풀을 그렸다.[43] 이런 사람을 어떻게 지혜롭다고 하겠는가."[44]

자장이 물었다. "영윤[45] 벼슬을 하던 자문子文[46]은 세 번 영윤이 되었지만 기뻐하는 기색이 없었고, 세 번 그만두게 되었지만 화난 기색이 없었습니다. 그리고 퇴임하는 영윤의 업무를 새로 오는 영윤에게 꼭 인수인계하고 갔다고 합니다. 어떻습니까?" 공자가 대답했다. "충성스럽다고 할 수 있다."

자장이 물었다. "어질다고 할 수 있습니까?" 공자가 대답했다. "잘 모르겠지만 어질다고까지 할 수야 있겠는가." 자장이 또 물었다. "최자崔子[47]가 제나라 임금을 시해하자 진문자陳文子[48]는 십승의 땅을 버리고 다른 나라로 갔습니다. 다른 나라에 이르러서 [그 나라의 통치자를 보고] '우리나라 대부 최자와 똑같다' 하면서 떠났습니다. 또 다른 나라에 가서도 '우리나라 대부 최자와 똑같다' 하면서 또 떠났습니다. 어떻습니까?" 공자가 대답했다. "맑은 사람이다." 자장이 물었다. "어질다고 할 수 있나요?" 공자가 대답했다. "잘 모르겠지만 어질다고까지야 할 수 있겠는가."

계문자季文子[49]는 세 번 생각한 후에야 비로소 행동했다. 공자가 이를 듣고 말했다. "두 번이면 충분하다."

공자가 말했다. "영무자武子[50]는 나라에 도가 있으면 지혜로워지고 나라에 도가 없으면 어리석어진다. 그 지혜로움은 따라 할 수 있겠는데 그 어리석음은 따라 할 수가 없다."

공자가 진陳나라에 있을 때 말했다. "돌아가자. 돌아가자. 우리나라의 젊은이들은 뜻은 크지만 실전에는 약하고 문장을 꾸밀 줄은 알지만 다듬어 마름질할 줄은 모른다."

공자가 말했다. "백이伯夷와 숙제叔齊[51]는 묵은 원한에 연연하지 않았다. 그러니 원망할 것도 별로 없었다."

공자가 말했다. "누가 미생고微生高[52]를 두고 곧은 사람이라고 했던가. 어떤 사람이 식초를 빌리러 왔는데 [자기 집에 없다고] 그 이웃에까지 가서 얻어주었다는데 말이다."

공자가 말했다. "좌구명左丘明[53]은 말을 번지르르하게 하고 얼굴 표정을 잘 꾸미고 공손이 지나친 것을 부끄럽게 생각했다. 나 또한 부끄럽게 여긴다. 또 좌구명은 [어떤 사람에게] 원망이 있는데도 표가 안 나게 숨기고 그 사람과 억지로 벗하는 것을 부끄럽게 생각했다. 나 또한 부끄럽게 여긴다."

안연[안회]과 자로가 공자를 모시고 있었다. 공자가 말했다. "각자 자기가 원하는 바를 한번 얘기해보지그러느냐." 자로가 말했다. "저의 수레와 말, 가벼운 [고급] 가죽옷을 벗과 함께 쓰다가 해지더라도 아까워하지 않기를 바랍니다." 안연이 말했다. "저 잘났다고 으스대지 않고 공을 과시하지 않기를 바랍니다." 자로가 말했다. "선생님께서 원하시는 바도 듣고 싶습니다." 공자가 말했다. "나이 먹은 분들을 편안하게 해드리고, 벗들이 믿게끔 하고, 젊은이들에게 베풀 수 있으면 하고 바란다."

공자가 말했다. "그만두자. 나는 지금껏 자신의 잘못을 스스로 꾸짖는 사람을 본 적이 없다."

공자가 말했다. "단지 열 가구밖에 안 되는 작은 마을에도 나만큼 충실하고 믿음직한 사람이야 틀림없이 있겠지만 나만큼 배우기를 좋아하는 사람은 없을 것이다."

제6장

옹야雍也

공자가 말했다. "염옹은 임금의 자리에 앉힐 만하다."

중궁[염옹]이 자상백자子桑伯子[54]란 사람에 대해 물었다. 공자가 말했다. "괜찮은 사람이지. 간소하고 소탈하다." 중궁이 말했다. "자신에게는 엄격하더라도 백성을 다스릴 때는 소탈한 게 좋지 않을까요? 자신에게도 소탈하고 남에게도 소탈한 것은 지나치게 털털한 것 아니겠습니까?" 공자가 말했다. "네 말이 맞다."

애공이 물었다. "제자들 중에 누가 배움을 좋아합니까?" 공자가 대답했다. "안회[55]라는 제자가 배움을 좋아했습니다. 화가 나도 남에게 화풀이하지 않았고, 같은 잘못을 또 범하지 않았습니다. 안타깝게도 명이 짧아 일찍 죽었지요. 지금은 호학한다고 할 만한 사람이 없습니다. 배움을 좋아한다는 사람에 대해 듣지 못하고 있습니다."

자화[공서화]가 제나라에 사신으로 갔다. 염유가 자화의 어머니를 생각해 곡식을 청했다. 공자가 말했다. "몇 부釜 주지." 염유가 조금 더 주자고 청했다. "그럼 몇 유庾 주지." 그랬는데 염유는 몇 병秉을 줬다.[56] 공자가 말했다. "자화[赤]가 제나라로 떠날 때 살진 말이 끄는 수레를 타고[57] 가볍고 따뜻한 가죽옷을 입었었다. 내 듣기로 군자는 다른 사람이 곤란할 때 도와주는 것이지 부유한데 더 보태주는 것은 아니라고 하더구나."

원사原思가 공자의 집 살림을 총괄하게 되었다. 공자가 그에게 곡식 구백[58]을 주었는데 받지 않으려 했다. 공자가 말했다. "사양하지 말고 받아라. [많다고 생각되면] 이웃과 마을 사람들에게 나눠주면 되지 않는가."

공자가 중궁에 대해 말했다. "쟁기질하는 얼룩소 새끼라도 털이 붉고 뿔이 반듯하다면 설령 제물로 쓰지 않으려 해도 산천의 신들이 내버려두겠느냐!"

공자가 말했다. "안회는 그 마음가짐이 석 달 동안이나 인에서 벗어나지 않았다. 하지만 나머지 제자들은 단지 하루나 한 달에 한 번 인에 닿을 뿐이다."

계강자가 물었다. "자로에게 정사를 맡겨도 되겠습니까?" 공자가 말했다 "자로는 결단력[果]이 있으니 정사를 맡긴들 무슨 문제가 있겠습니까?" 계강자가 또 물었다. "자공에게 정사를 맡겨도 되겠습니까?" 공자가 대답했다. "자공은 사리가 밝은[達] 사람이니 정사를 맡긴들 무슨 문제가 있겠습니까?" 그가 또 물었다. "염유에게 정사를 맡겨도 되겠습니까?"

공자가 대답했다. "염유는 다재다능한[藝] 사람이니 정사를 맡긴들 무슨 문제가 있겠습니까?"

계씨가 민자건민子騫[59]을 [가문에 속한 읍] 비費 땅의 책임자로 삼으려 했다. 민자건이 그 말을 전하러 찾아온 사람에게 말했다. "날 위해 좋게 거절해주십시오. 만약 다시 나를 찾아오시면 그때 나는 반드시 문강汶江[60] 너머로 달아날 겁니다."

백우伯牛[61]가 병이 나자 공자가 문병을 갔다. 공자가 창문 너머로 그의 손을 잡고 말했다. "낫기 어렵겠구나. 이게 운명이란 말인가! 이런 사람이 몹쓸 병에 걸리다니! 이런 사람이 몹쓸 병에 걸리다니!"

공자가 말했다. "안회는 정말 현명한 사람이야. 한 그릇의 밥과 한 표주박의 물로 다 쓰러져가는 동네에서 살고 있구나. 다른 사람 같으면 그 어려움을 이기기 어려울 텐데, 안회는 그것을 즐기며 벗어나려 애쓰지 않으니 정말 현자로다!"

염유가 말했다. "제가 선생님의 길을 좋아하지 않는 것이 아니라 그 길이 제 힘에 부칩니다." 공자가 말했다. "힘에 부친다는 것은 길을 가다가 중간쯤에서 더 이상 못 가겠다고 하는 것이다. 그런데 너는 지금 미리 금을 그어놓고 아예 시작도 하지 않으려 하는구나."

공자가 자하에게 말했다. "너는 군자다운 선비가 되어야지 소인 같은 선비가 되어서는 안 된다."

자유가 무성武城 지방의 수령이 되었다. 공자가 물었다. "너는 어떤 인재를 얻었느냐?" 자유가 대답했다. "담대멸명澹臺滅明이란 사람이 있는데, 일하는 데 편법을 쓰지 않고 공적인 일이 아니면 지금껏 제 방에 찾아온 적도 없습니다."

공자가 말했다. "맹자반孟子反[62]은 자신을 과시하지 않는 사람이다. [전투에서 우군이 궤멸하자] 맨 뒤에 남아 우군의 후퇴를 엄호하다가, 성문에 들어설 때야 비로소 말을 채찍질하며 '내가 용감해서 뒤에 남았던 것이 아니라 말이 빨리 나아가려 하지 않아서 그렇게 된 것이다'라고 말했다."

공자가 말했다. "축타祝鮀와 같은 말재주와 송조宋朝와 같은 미모가 아니라면 요즈음 같은 세상에서는 화를 피하기 어려울 것이다."[63]

공자가 말했다. "누가 방문을 거치지 않고 집 밖으로 나갈 수 있겠는가. 그런데 어째서 나의 이 길을 따르는 사람이 없는가!"

공자가 말했다. "소박한 바탕이 화려한 무늬보다 돋보이면 거칠고 촌스럽다. 화려한 무늬가 소박한 바탕보다 돋보이면 약하고 천박하다. 무늬와 바탕이 적절히 어우러져야 비로소 군자라고 할 수 있다."[64]

공자가 말했다. "사람의 삶은 정직해야 한다. 정직하지 못한 사람도 속이면서 살아가겠지만 그것은 요행히 화를 면하는 것일 뿐이다."

공자가 말했다. "아는 것은 좋아하는 것만 못하고, 좋아하는 것은 즐기는 것만 못하다."[65]

공자가 말했다. "보통 수준 이상의 사람에게는 심오한 이치에 대해 말해줄 수 있다. 그러나 보통 수준 이하의 사람에게는 심오한 이치에 대해 말해줄 수 없다."

번지가 지知에 대해 물었다. 공자가 대답했다. "백성들을 의롭게 만드는 데 힘쓰고 귀신을 공경하되 멀리하면 지혜롭다고 할 수 있다." 번지가 인에 대해서도 물었다. 공자가 대답했다. "인자는 먼저 충분히 노력한 다음에 그 성과를 얻으려 해야 한다. 그래야 어질다고 할 수 있다."

공자가 말했다. "지혜로운 사람은 물을 좋아하고, 어진 사람은 산을 좋아한다. 지혜로운 사람은 움직이는 것을 좋아하고, 어진 사람은 고요하게 있기를 좋아한다. 지혜로운 사람은 즐기며 살고, 어진 사람은 오래 산다."

공자가 말했다. "제나라에 [제대로 된] 개혁이 있으면 노나라 같은 수준에 이를 것이고, 노나라에 [제대로 된] 개혁이 있으면 도道에 이를 것이다."[66]

공자가 말했다. "모난 술잔인 고觚가 모나지 않으면 그걸 고라 할 수 있겠는가! 고라 할 수 있겠는가 말이다!"[67]

재아가 물었다. "어진 사람이란 우물에 인이 있다고 하면 그 말을 따라 우물까지 내려가는 사람인가요?" 공자가 말했다. "어떻게 그럴 수 있겠는가? 군자를 내려 보낼 수는 있겠지만 해를 끼칠 수는 없고, 그에게 거짓말을 할 수는 있겠지만 그를 속일 수는 없을 것이다."[68]

공자가 말했다. "군자는 글에서 널리 배우고 배운 것을 예로 잘 단속해야 한다. 그러면 도리에 어긋나지 않을 것이다."

공자가 남자南子[69]를 만나러 갔더니 자로가 별로 좋게 생각하지 않았다. 그러자 공자가 맹세하며 말했다. "내가 만약 잘못했다면 하늘이 나를 버리시리라! 하늘이 나를 버리시리라!"

공자가 말했다. "중용中庸[70]이란 도덕은 정말 지극한 것인데 사람들에게 드물어진 지 오래되었다."

자공이 물었다. "만약 백성들에게 널리 베풀고 백성들의 생활이 나아지게 도와줄 수 있다면 어떻습니까? 인이라고 할 수 있나요?" 공자가 대답했다. "어찌 인이라고만 하겠나. 그것은 반드시 성聖이라고 해야겠지. 요 임금이나 순 임금[71]도 그렇게 하기 어려워 고민했지. 무릇 인이란 자기가 서고 싶으면 다른 사람도 서게 해주고 자기가 통달하려면 다른 사람도 통달하게 해줘야 하는 것이지. 눈앞에 가까이 있는 사실을 예로 택해서 하나씩 해나갈 수 있다면 인의 길에 들었다고 말할 수 있을 것이다."

제7장

술이述而

공자가 말했다. "서술하되 창작하지 않고, 옛것을 믿고 좋아한다. 나는 나를 노팽老彭[72]과 견주고 싶다."

공자가 말했다. "[보고 듣고 배운 것들을] 묵묵히 마음에 새기고, 배우기에 싫증을 내지 않으며, 남을 가르치는 데 게으르지 않다. 이 가운데 내가 이룬 것이 무엇이란 말인가?"

공자가 말했다. "덕이 닦이지 않고, 배움이 몸에 붙지 않으며, 의를 듣고도 실천에 옮기지 못하고, 결점을 고치지 못하는 것. 이것들이 모두 나의 걱정거리다."

공자가 집에서 한가하게 지낼 때는 그 모습이 아주 가지런했고 얼굴빛은 밝고 편안했다.

공자가 말했다. "심하다. 나의 노쇠함이! 오래되었다. 꿈에서 주공周公[73]을 다시 뵙지 못한 지가!"

공자가 말했다. "도에 뜻을 두고, 덕德에 의거하며, 인에 의지하고, 예에 노닐고 싶다."

공자가 말했다. "자발적으로 마른 고기 포[束脩] 정도의 박한 선물이라도 들고 온 사람 중에 내가 가르침을 주지 않은 사람은 없었다."

공자가 말했다. "배우려는 사람이 마음으로 갈구해야 비로소 계발시켜주며 말로 표현하려 애써야만 비로소 분발시켜준다. 한 모서리를 가르쳐주었는데도 나머지 세 모서리를 미루어 알지 못하면 다시 가르쳐주지 않는다."

공자는 상을 당한 사람 곁에서 음식을 들 때는 배불리 먹는 법이 없었다. 또 이런 날 곡哭을 하게 되면 노래 부르지 않았다.

공자가 안연에게 말했다. "누군가가 써주면 곧 행하고, 써주지 않으면 숨어버릴 수 있는 사람은 오직 너와 나뿐이다."

자로가 물었다. "선생님께서 군대를 통솔하시게 된다면 누구와 더불어 하시겠습니까?" 공자가 대답했다. "맨손으로 호랑이와 싸우고 맨몸으로 강을 건너며, 일을 저지르고도 절대 뉘우치지 않는 사람하고는 함께 일하지 않을 것이다. 나는 임무를 맡으면 반드시 두려워하고, 일을 잘 도모해서 결국 완성해내는 사람과 같이 할 것이다."

공자가 말했다. "만약 재산이란 것이 구해서 얻는 것이라면 시장에서 채찍 잡고 문 지키는 졸개 노릇이라도 하겠지만, 구한다고 얻는 게 아니라면 차라리 나 좋아하는 일이나 하겠다."

공자가 조심하고 신중을 기한 것은 재계齋戒[제사를 앞두고 근신하는 것]와 전쟁, 그리고 질병이었다.

공자가 제나라에 있을 때 [순 임금의 음악인] 소를 듣고 석 달 동안이나 고기 맛을 잊었다. 그리고 "음악 감상이 이런 경지에까지 이를 줄은 몰랐다"라고 말했다.

염유가 말했다. "선생님께서 위나라 임금을 위해 일하실까?" 자공이 말했다. "좋아. 내가 가서 여쭤보겠네." 자공이 공자에게 가서 물었다. "백이와 숙제는 어떤 사람입니까?" 공자가 대답했다. "옛날의 현인들이시지." 자공이 물었다. "원망하지 않았을까요?" 공자가 말했다. "그들이 인을 구하여 인을 얻었는데 또 무엇을 원망했겠느냐?" 자공이 나와서 말했다. "선생님께선 위나라 임금을 위해 일하시지 않을 걸세."[74]

공자가 말했다. "거친 밥을 먹고 찬물을 마시며 팔꿈치 구부려 베개를 삼아도 그 가운데 즐거움이 있다. 정당하지 못한 부와 귀는 나에겐 뜬구름과 같은 것이다."

공자가 말했다. "내가 몇 년 더 살게 되어 마침내[75] 역易을 배울 수 있다면 큰 잘못은 없게 할 수 있을 것이다."

공자가 표준어를 사용하는 경우는 《시경》과 《서경》을 읽고 예를 행할 때였다. 둘 다 당시 표준어[76]를 사용했다.

섭공葉公이 자로에게 공자에 대해 물었지만 자로가 대답하지 못했다. 공자가 말했다. "너는 왜 이렇게 말하지 않았느냐? 공자 그 사람은 열심히 공부하다 보면 밥 먹는 것도 잊고 즐거우면 걱정도 잊어버려서 장차 늙음이 찾아오리라는 것도 알지 못한다고 말이야."

공자가 말했다. "나는 태어나면서부터 아는 사람은 아니다. 옛것을 좋아하고 그것을 서둘러 구하려는 사람이다."

공자는 괴이한 것과 힘센 것, 정상적인 것을 뒤집는 것, 그리고 귀신에 대해서는 말하지 않았다.

공자가 말했다. "세 사람이 길을 가면 그 중에 반드시 나의 스승이 있다. 나는 그 가운데 좋은 점은 뽑아서 배우고 나쁜 점은 골라서 고칠 것이다."

공자가 말했다. "하늘이 나에게 이런 덕을 주셨는데 환퇴桓魋[77] 같은 사람이 나를 어쩌겠느냐!"

공자가 말했다. "너희는 내가 숨기는 것이 있다고 생각하느냐? 나는 너희에게 숨기는 것이 없다. 내가 너희에게 조금이라도 보여주지 않는 것이 없으니 그게 바로 나 공구孔丘의 모습이다."

공자는 네 가지 내용으로 제자들을 가르쳤다. 역대 문헌, 행실로의 실천, 충실함, 그리고 믿음직함이었다.

공자가 말했다. "내가 성인은 만나 뵐 수 없으니 군자라도 만날 수 있으면 좋겠다."

공자가 말했다. "내가 인에 뜻을 둔 선인善人을 만나 뵐 수 없다면 지조를 가진 항자恒者[항심을 가진 사람]라도 만날 수 있으면 좋겠다. 없으면서 있는 척하고, 비어 있으면서도 차 있는 것처럼 굴고, 곤궁하면서도 호화롭게 보이려 하는 사람은 항심恒心을 갖기 어렵다."

공자는 낚시는 했지만 그물로 물고기를 잡지는 않았다. 주살을 쏘아 새를 잡기는 했지만 둥지에서 쉬고 있는 새를 잡지는 않았다.

공자가 말했다. "대개 자신도 잘 모르면서 무엇을 만들어내는 사람이 있는데 내게 그런 잘못은 없다. 많이 듣고 그 중에 잘된 것을 선택해서 받아들이고, 많이 보고 그 중에 잘된 것을 마음에 둔다. 이렇게 아는 것이 [태어나면서부터 아는 것에] 비금가는[78] 것이다."

호향互鄕이란 마을은 사람들과 함께 말하기조차 어려운 [특수 계층이 사는] 곳이다. 그 마을의 아이 하나가 공자를 만나려고 하자 제자들이 당황했다. 공자가 말했다. "앞으로 나아가려는 사람과 함께하고 뒤로 물러나려는 사람과는 함께하지 않으면 되는 것이지 너무 심한 것 아니냐? 누구든 스스로를 깨끗이 해서 나아간다면 그의 깨끗함을 인정해주면 되는 일이지 그의 과거를 기억할 필요는 없다."

공자가 말했다. "인이 그렇게 먼 곳에 있을까? [아니] 내가 어질고자 하면 바로 인에 다다를 거야."

진사패陳司敗[79]가 공자에게 노나라의 임금인 소공昭公은 예를 아느냐고 물었다. 공자가 대답했다. "예를 압니다." 공자가 물러나자 진사패가 공자의 제자인 무마기巫馬期에게 읍하고 나아가 말했다. "내가 듣기로 군자는 한쪽으로 치우치지 않는다고 했는데, 군자가 한쪽으로 치우쳐도 되는 겁니까? 소공이 오나라에서 부인을 맞아 왔는데 노나라와 오나라는 [왕족끼리] 성이 같아 부인을 오희吳姬라고 하지 못하고 오맹자吳孟子라고 부르게 된 것 아닙니까. [성을 바꿔서까지 동성간에 결혼을 하는] 소공이 예를 안다고 하시면 누군들 예를 모른다 하겠습니까." 무마기가 공자에게 이 말을 전해주니 공자가 말했다. "나는 참 행운아야. 내게 잘못이 있으면 사람들이 꼭 지적해주니 말이다."

공자는 다른 사람과 노래를 부를 때 누가 잘 부르면 꼭 한 번 더 하게 했다. 그리고 자신도 화답했다.

공자가 말했다. "글 읽는 것은 나도 남보다 못하지 않다. 하지만 생활 속에서 군자다움을 실천해 보이는 것은 아직 멀었다."

공자가 말했다. "만일 성聖과 인을 말한다면 내가 어찌 감히 감당하겠느냐. 하지만 그렇게 되기를 싫어하지 않고, 또 다른 사람 가르치는 데 게으르지 않은 것에 대해 말한다면 나도 혹 모르겠다." 공서화가 말했다. "그것이 바로 저희 제자들이 배우기 어려운 점이지요."

공자가 큰 병이 들자 자로가 기도하기를 청했다. 공자가 말했다. "그런 경우가 있었더냐?" 자로가 대답했다. "있습니다. 기도문인 뢰誄에 '너를 위해 천신과 지신에게 기도 드린다'고 돼 있습니다." 공자가 말했다. "나도 [그런 마음가짐으로] 진작부터 기도했다."

공자가 말했다. "사치스러우면 교만해 보이고 검약하면 초라해 보인다. 나는 교만하게 보이느니 차라리 초라한 게 낫겠다."

공자가 말했다. "군자는 평탄하고 넓으며, 소인은 조급하고 걱정스러워한다."

공자는 따뜻하면서도 엄격했고, 위엄 있지만 사납지 않았으며, 깍듯하면서도 점잖았다.

제8장

태백泰伯

공자가 말했다. "태백泰伯[80]은 지극한 덕을 갖추었다고 할 수 있다. 세 번씩이나 천하를 양보했는데도 백성들은 그 사실을 몰라 칭송하지도 못했다."

공자가 말했다. "공손하지만 이를 예로 잘 조절하지 못하면 피곤해진다. 신중하지만 이를 예로 잘 조절하지 못하면 나약하게 된다. 용기 있지만 이를 예로 잘 조절하지 못하면 화를 부르게 된다. 곧고 솔직하지만 이를 예로 잘 조절하지 못하면 강퍅하게 된다. 윗사람[81]이 어버이를 극진하게 모시면 백성들은 인을 향해 나아갈 것이요, 윗사람이 오랜 친구를 버리지 않으면 백성들도 무정하거나 각박해지지 않을 것이다."

증자가 병이 들어 자기 제자들을 불러 모아놓고 말했다. "내 발을 살펴보아라. 내 손을 살펴보아라.《시경》에 '전전긍긍하고, 마치 깊은 물웅덩이에 가 있는 듯하며, 살얼음 위를 걷는 듯하다'[82]라고 했다. [내가 죽게 생겼으니] 이제는 그런 조심해야 하고 신중해야 하는 일을 면하게 생겼구나. 제자들이여!"

증자가 병이 나자 맹경자孟敬子[83]가 문병을 왔다. 증자가 말했다. "새가 죽으려 하면 그 울음소리가 슬프고, 사람이 죽으려 하면 하는 말이 착해진다고 하더군요. 윗사람이 귀중하게 생각해야 할 것이 세 가지가 있습니다. 용모를 단정하게 하여 난폭과 나태를 피해야 합니다. 얼굴빛을 반듯하게 하여 신뢰감을 주어야 합니다. 말을 신중히 하여 구차하거나 불합리한 경우를 당하지 않아야 합니다. 그 밖의 작은 일들은 하급 관리들에게 맡겨두시면 됩니다."

증자가 말했다. "능력이 있으면서도 무능한 사람에게도 묻고, 많이 알면서도 모르는 사람에게도 물으며, 내용이 꽉 차 있으면서도 비어 있는 듯하고, 누군가가 함부로 덤비더라도 굳이 따지지 않는다. 옛날에 내 친구 하나가 일찍이 이러했었다."

증자가 말했다. "나이 어린 임금[84]과 한 나라의 운명을 맡길 만하고, 존망存亡의 중요한 대목에서도 동요하지 않는다면 그런 사람은 군자다운 사람인가? 군자라 할 수 있을 것이다."

증자가 말했다. "선비는 의지가 굳어야 한다. 맡은 바 책임이 무겁고 갈 길은 멀기 때문이다. 인을 실현하는 것을 자신의 임무로 삼았으니 이 또한 무겁지 않은가! 죽어서야 끝날 일이니 이 또한 멀지 않은가!"

공자가 말했다. "나는 시詩에서 일어나 예禮에서 서고, 악樂
에서 완성한다."

공자가 말했다. "백성들을 따라오게 할 수는 있어도 왜 그
런지 이치를 알게 할 수는 없다."[85]

공자가 말했다. "용맹함을 좋아하면서 가난한 것을 미워하
면 크게 화를 불러일으킬 수 있다. 사람이 사람답지 못하다
고 너무 미워하면 크게 화를 불러일으킬 수 있다."

공자가 말했다. "주공과 같은 재능과 미덕을 가졌다 하더
라도 교만하고 인색하다면 그 나머지는 더 볼 것도 없다."

공자가 말했다. "삼 년을 배우고도 벼슬에 뜻을 두지 않는
사람을 보기가 힘들다."[86]

공자가 말했다. "우리의 도를 독실하게 믿고 열심히 배워
서 죽기를 각오하고 지켜야 한다. 위험한 나라에는 들어가
지 말고, 어지러운 나라에는 살지 않는다. 천하에 도가 있으
면 나가서 일하고, 도가 없으면 물러나 숨는다. 나라에 도가
있는데도 가난하고 천한 것은 부끄러운 일이다. 나라에 도가
없는데도 부유하고 귀한 것 역시 부끄러운 일이다."

공자가 말했다. "그 자리에 있지 않으면 그 직무에 대해 말
해서는 안 된다."[87]

공자가 말했다. "악사인 지摯가 처음 악단을 맡아 연주하
던 〈관저〉[88]의 마지막 장이 아련하게 내 귀에 그득하구나."

공자가 말했다. "거칠면서 반듯하지 않으며, 미련하면서 삼가지 않고, 무능하면서 신뢰성이 없는 사람들은 나도 어찌해야 할지 모르겠다."

공자가 말했다. "배움이란 따라잡지 못할까 봐 안타까워하고, 잃어버릴까 봐 두려워하는 마음으로 해야 한다."

공자가 말했다. "정말 대단하다! 순 임금과 우 임금은 천하를 갖고도 그것을 누리지 않았다."

공자가 말했다. "위대하다! 요 임금의 임금 역할이. 정말 대단하다! 오직 하늘만이 높고 큰데 요 임금만이 하늘의 이치를 따랐다. 요 임금의 은혜가 정말 넓다! 백성들이 뭐라고 해야 할지 모를 정도다. 정말 대단하다. 그의 공적이! 눈부시다. 그가 이룩한 문명과 제도가!"

순 임금은 다섯 명의 [현명하고 유능한] 신하가 있어서 천하를 잘 다스렸다. 무왕은 "내게 천하를 잘 다스릴 수 있는 신하가 열 명이나 된다"고 말한 바 있다.

공자가 말했다. "인재 얻기가 어렵다고 했는데 정말 그렇지 않은가. 요 임금과 순 임금 시대가 주나라보다 흥성했다. 그런데 [주나라] 무왕의 신하는 [열 명 중에] 여자가 한 명 끼어 있어 사실은 아홉밖에 안 된다. [주나라는] 천하의 삼분의 이를 차지하고도 여전히 은나라를 섬겼으니 주나라의 덕은 지극하다고 할 수 있다."

공자가 말했다. "나는 우 임금[89]에 대해서 별로 비판할 게 없다. 자신은 거친 음식을 먹으면서도 제사는 충실히 지냈고, 자신은 해진 옷을 입으면서도 제사 지낼 때의 복장은 갖추어 입었다. 자신은 허름한 집에 살면서도 치수 사업에는 온 힘을 쏟았다. 우 임금에 대해서는 내가 달리 비판할 게 없다."

제9장

자한子罕

공자는 이해 관계와 운명, 그리고 인에 대해서는 드물게 말했다.⁹⁰

　골목에 살고 있는 달達이란 사람이 말했다. "정말 위대하다, 공자는! 하지만 널리 배우고도 이름을 내지 못했으니 안타깝다." 공자가 이 말을 듣고 제자들에게 말했다. "내가 뭘 잡을까? 말고삐를 잡고 마차를 몰아볼까? 아니면 활을 잡아볼까? 마차를 몰아볼까 보다."

　공자가 말했다. "원래 삼베[麻]로 만든 관을 쓰는 게 예이지만 요즈음은 생사[純]로 만든 것을 쓰니 검소하다 할 수 있다. [그렇게 하는 것이 조금이라도 절약하는 방법이라면] 나는 그것에 동의하고 세태의 변화에 따르겠다. [신하가 임금을 배알할 때] 원래는 당堂 아래에서 먼저 절을 한 뒤 당 위에 올라가 다시 절을 하는 것이 예에 맞다. 그런데 요즈음은 [당 아래에서 절하는 것은 생략하고] 당 위에서만 절을 하는데 이것은 거만한 태도다. 비록 세태의 변화를 거스르더라도 나는 여전히 당 아래에서 절을 할 것이다."

공자에겐 네 가지가 없었다. 사사로운 뜻[意]이 없었고, 반드시[必]라는 것이 없었으며, 막무가내의 고집[固]이 없었고, 자기만 잘났다[我]는 생각도 없었다.

공자가 광匡 땅[91]에서 구금되어 어려움을 겪을 때 이렇게 말했다. "주나라의 문왕이 이미 돌아가셨으니 문명을 지키는 소임[文]이 나에게 있지 않겠느냐! 만약 하늘이 이 문명을 없애려 한다면 내가 이 문명에 참여하지 못하겠지만 하늘이 이 문명을 없애지 않을 것이라면 광 땅의 이 사람들이 [감히] 나를 어쩌겠느냐!"

[국무총리인] 태재大宰가 자공에게 물었다. "그대의 선생님은 성인이신가 봅니다. 어찌 그렇게도 다재다능하십니까?" 자공이 대답했다. "하늘이 성인이 되게끔 낳으시고 또 다재다능하게 만드신 거지요." 공자가 이 말을 듣고 말했다. "태재가 나를 아는구나! 나는 젊어서 천했기 때문에 잡다하게 비루한 재주들을 좀 익혔다. 하지만 군자가 어디 재주가 많은 사람이겠느냐? 아니지. 많지 않겠지." 나중에 뢰牢[92]가 말했다. "선생님께서는 '내가 나라에 등용되지 못했기 때문에 몇 가지 재주를 익혔다'고 말씀하신 적이 있다."

공자가 말했다. "내가 아는 게 있나. 나는 아는 게 없다. 하지만 비천한 사람이라도 나에게 물으면, 그 질문의 내용이 텅 비어 신통찮더라도 나는 처음과 나중의 양쪽 끝을 잘 헤아려 힘닿는 대로 알려주었다."

공자가 말했다. "봉황새도 날아들지 않고, 황하에서 그림도 나오지 않는 것을 보니 내 인생도 끝났구나!"[93]

공자는 상복 입은 사람과 관복 입은 사람, 그리고 눈먼 사람을 만나면 그들이 비록 나이 젊은 사람일지라도 반드시 일어나 맞았고, 그들을 지나칠 때는 반드시 몇 걸음 빨리 걸어 지나갔다.

안연이 길게 탄식하며 말했다. "우리 선생님은 우러러볼수록 더욱 높으시고, 그 학문을 뚫고 들어갈수록 더 단단하시며, 앞에 계신가 하고 바라보면 홀쩍 뒤에 계신다. 선생님께서는 사람을 차근차근 잘 인도하시는데, 학문[文]으로 나의 지식을 넓혀주셨고, 예로 나의 행위를 단속해주셨다. 나는 배움을 그만두려 해도 그만둘 수 없고, 이미 내 능력을 다 쏟아 부었지만 여전히 선생님은 저 앞에 우뚝 서 계신다. 그래서 따르려 해도 어디서부터 시작해야 할지 모르겠다."

공자의 병이 깊어지자 자로가 제자들을 가신家臣[94]으로 삼았다. 병에 차도가 있자 공자가 말했다. "이미 오래되었다! 자로가 이렇게 사람을 속인 지가. 나는 가신을 둘 수 없는데도 가신을 두려 하다니. 내가 누구를 속이겠느냐? 하늘을 속이란 말이냐! 나의 죽음을 가신의 손으로 치르느니 차라리 너희 제자들의 손으로 치르는 것이 더 낫지 않겠느냐? 내가 요란스럽게 장례를 치를 형편은 아니지만 그렇다고 길에서 죽기야 하겠느냐?"

자공이 말했다. "여기에 아름다운 옥이 있다면 함 속에 감춰둬야겠습니까, 아니면 좋은 값으로 팔아야겠습니까?" 공자가 대답했다. "팔아야지. 팔아야 하고말고! 나는 좋은 값을 기다리는 사람이다."

공자가 구이九夷[95] 땅에 가서 살려고 했다. 그러자 누군가가 말했다. "그곳은 누추할 텐데 어떻게 지내시려고요?" 공자가 말했다. "군자가 사는 데 있어서 무슨 누추함을 따지겠느냐?"

공자가 말했다. "내가 위나라에서 노나라로 돌아온 다음에야 음악이 바로 정리되었고, 아雅와 송頌[96]이 각기 제자리를 잡게 되었다."

공자가 말했다. "밖에 나가면 공경公卿을 섬기고, 집에 와서는 부형을 잘 모시며, 상을 당하면 충분히 애를 쓰고, 술로 인해 곤란을 겪지 않는다. 이 가운데 내가 잘하는 게 무엇일까?"

공자가 강가에서 말했다. "흐르는 시간이 마치 강물과 같구나. 밤낮을 쉬지 않네."

공자가 말했다. "나는 덕 좋아하기를 색色 좋아하듯 하는 사람을 아직 본 적이 없다."

공자가 말했다. "흙을 쌓아 산을 만드는 것에 비유하자면 한 삼태기를 더 보태지 않아 완성하지 못하는 것도 나의 탓이요, 땅을 고르게 하여 평지를 만드는 것에 비유하자면 겨우 한 삼태기를 갖다 덮었더라도 그만큼은 내 덕분이다."

공자가 말했다. "내가 말을 해주면 그것을 실천하는 데 게으르지 않는 사람은 안회뿐이었다."

공자가 안회[안연]를 두고 말했다. "[그가 죽어서] 정말 애석하다! 나는 그가 앞으로 나아가는 것은 보았지만 멈추는 것은 보지 못했다."

공자가 말했다. "싹은 났지만 꽃을 피우지 못하는 것도 있고, 꽃은 피웠지만 열매를 맺지 못하는 것도 있다."

공자가 말했다. "뒤에 태어난 사람들을 두려워할 만하다. 그들의 장래가 요즈음 사람만 못하다고 어찌 단정할 수 있겠는가. [그러나 한편으로] 마흔 살, 쉰 살이 되어도 세상에 이름이 나지 않는 사람은 두려워할 것이 없다."

공자가 말했다. "원칙에 맞는 말은 당연히 받아들이겠지만 실제로 고치는 것이 귀한 일이다. 완곡하게 이끌어주는 말은 듣기에 좋지만, 그 속뜻을 새겨들어야만 귀한 것이다. 좋아하기만 하고 속뜻을 새길 줄 모르며, 받아들이기만 하고 고칠 줄 모른다면 나도 그런 사람은 어떻게 하지 못하겠다."

공자가 말했다. "충과 신信을 중시하고, 자기만 못한 사람과는 벗하지 말며, 잘못이 있으면 고치기를 겁내지 말아야 한다."

공자가 말했다. "한 나라 군대의 대장을 빼앗을 수는 있지만, 일개 필부匹夫의 뜻은 빼앗을 수 없다."

공자가 말했다. "해진 솜옷을 입고 여우나 담비 가죽 옷을 입은 사람과 함께 서 있어도 부끄러워하지 않을 사람은 바로 자로일 것이다. [《시경》에] '남을 해치지 않고 남의 것을 탐내지 않는다면 어찌 착하다고 하지 않겠는가'97라고 했다." 자로는 [선생님의 칭찬에 감동해서 죽을 때까지라도 하는 심정으로] 내내 이 구절을 외우고 다녔다. 공자가 말했다. "어떻게 겨우 이 정도로 충분히 착하다고 할 수 있겠는가!"

공자가 말했다. "소나무와 잣나무는 날씨가 추워진 다음에야 가장 늦게 시든다는 것을 알 수 있다."

공자가 말했다. "지혜로운 사람은 미혹되지 않고, 인자한 사람은 걱정하지 않으며, 용기 있는 사람은 두려워하지 않는다."

공자가 말했다. "함께 배울 수는 있지만 함께 성취할 수 있는 것은 아니다. 또 함께 성취할 수 있다 하더라도 꼭 함께 설[立] 수 있는 것은 아니다. 또한 함께 설 수 있다 하더라도 꼭 함께 때에 맞춰 임기응변할 수 있는[權] 것은 아니다."

[옛날에 이런 시가 있었다.] '산앵두나무[唐棣]의 꽃이 산들산들 흔들리는구나. 어찌 그대를 생각하지 않으리오마는 너무 멀리 떨어져 있구나.' 공자가 말했다. "갈 생각이 없는 것이지 길이 먼 것이 무슨 문제이겠는가."

제10장

향당鄕黨

공자는 동네에서는 매우 공손하여 마치 말을 못하는 사람 같았다. 그러나 종묘와 조정에서는 분명하고 유창하게, 그리고 아주 신중하게 말을 했다.

조정에서 하대부下大夫[98]와 말할 때는 온화하고 즐겁게 했고, 상대부上大夫와 말할 때는 예의 바르게 했다. 임금이 있을 때는 걸음걸이조차 조심했지만 의젓했다.

임금이 불러 외국 귀빈을 접대하도록 시키면 얼굴빛을 바꾸어 [장중하게 하고] 발걸음을 조심했다. 귀빈들과 함께 서서 인사를 할 때는 왼쪽 귀빈에게는 왼손을 위로 얹어 읍하고 오른쪽 귀빈에게는 오른손을 위로 얹어 읍했다. 옷은 언제나 가지런하게 했다. 종종걸음으로 서둘러 걸어나갈 때는 마치 새가 날개를 편 듯했다. 귀빈이 돌아간 다음에는 반드시 임금에게 보고[復命]했다. "손님이 뒤돌아보지 않고 잘 가셨습니다."

[공자가] 조정의 문[公門]을 들어설 때는 조심스런 몸짓으

로 마치 몸둘 곳이 없는 듯이 했다. 문 가운데 서지 않았고, 문지방을 밟고 다니지 않았다. 임금이 있는 자리를 지날 때는 얼굴빛을 바꾸어 [장중하게 하고] 발걸음을 조심했고, 마치 말을 못하는 것같이 했다. 당에 오를 때는 옷자락 앞을 여며 잡고 공손하게 했다. 또한 숨을 죽여 마치 숨을 쉬지 않는 듯이 했다. 그리고 조정을 나와서는 한 계단을 내려와서야 얼굴을 흡족하게 폈다. 계단을 다 내려와서는 빠른 걸음으로 걸었는데, 마치 새가 날개를 편 듯했다. 제자리로 돌아와서는 삼가는 자세로 조심스레 업무에 임했다.

[사신으로 외국에 가서] 규[圭][99]를 잡을 때는 몸을 공손히 해서 마치 가까스로 들고 있는 듯이 했다. 또 규를 위로 쳐들 때는 읍하는 것 같았고, 내릴 때는 다른 사람에게 건네는 것 같았다. 얼굴빛은 긴장되어 떨리는 듯했고, 종종걸음으로 공손함을 보였다. 가져간 선물을 전할 때는 환한 얼굴을 했다. 그러나 [외국의 관리들을] 사적으로 만날 때는 유쾌해했다.

공자는 검은색에 가까운 남색이나 진보라색으로 옷 테두리를 두르지 않았다. 그리고 붉은색과 자주색으로 평상복을 만들어 입지 않았다. 더운 날에는 고운 베나 거친 베로 만든 홑옷을 입었지만 반드시 안에 속옷을 입었다. 검은 옷을 입으면 [검은색의] 염소 갖옷을 걸쳤고, 흰 옷을 입으면 [흰색의] 사슴 갖옷을 걸쳤으며, 누런 옷엔 [누런색의] 여우 갖옷을 걸쳤다. 평상시에 입는 갖옷은 길었는데 오른쪽 소매는 짧게 했다. 그리고 반드시 잠옷을 두었는데, 길이가 몸의 한 배 반이었다. 또 여우와 담비의 두터운 털로 방석을 삼았다. [상이 있을 때는] 상을 마치고 나서야 허리에 온갖 패물을 찼다. 조회나 제사 때 입는 옷[帷裳]이 아니면 [천 한 폭을 통으로 쓰지 않고] 약간의 천으로 재봉했다. 조문할 때는 [검은] 염소 갖옷과 검은 관 차림으로는 나서지 않았다. 초하루에는 반드시 조복朝服을 차려 입고 조회에 나갔다.100

　재계齋戒할 때는 반드시 [도복과 같이] 베로 만든 명의明衣를 입었다. 그리고 평소 먹던 음식을 바꾸었고, 잠자리도 옮겼다.

　밥은 곱게 찧어서 한 것을 좋아했고, 생선과 고기는 가늘게 썬 것을 좋아했다. 쉰 밥과 맛이 간 생선, 그리고 상한 고기는 먹지 않았다. 색깔이 흉한 것과 냄새가 고약한 것도 먹지 않았다. 설익은 것도 먹지 않았고, 식사 때가 아니면 먹지 않았다. 반듯하게 썬 것이 아니면 먹지 않았고, 음식에 어울리는 장醬이 없으면 먹지 않았다. 고기는 많이 먹더라도 밥보다 많이 먹지는 않았다. 단, 술은 끝도 없이 마셨는데 그렇다고 정신 없이 취할 지경까지 마시지는 않았다. 시장에서 사온 술과 포는 먹지 않았다. 생강은 꼭 챙겨 먹었지만 많이 먹지는 않았다. 나라의 제사에 참여하고 받아 온 고기는 날을 넘기지 않았고 다른 제사 고기도 사흘을 넘기지 않았으며, 사흘을 넘긴 것들은 먹지 않았다. 밥을 먹을 때나 잠자리에

서는 말을 하지 않았다. 비록 거친 밥과 나물 국이라도 꼭 감
사의 예를 취했는데 마치 재계하듯 했다.

자리가 반듯하지 않으면 앉지 않았다.

마을 사람들과 술을 마실 때는 지팡이 짚은 노인들이 나간
다음에야 비로소 따라 일어났다. 마을 사람들이 굿을 할 때
는 조복을 입고 동쪽 섬돌에 서 있었다.

다른 나라로 사람을 보내 안부를 물으려 할 때는 두 번 절
하고 보냈다. 계강자가 약을 보내니 이를 절하고 받았다. 공
자가 말했다. "내가 이 약의 성분을 모르니 감히 맛을 볼 수
가 없습니다."

마구간에 불이 났다. 공자가 조정에서 일을 마치고 나와
물었다. "사람이 다쳤느냐?" 그러나 말에 대해서는 묻지 않
았다.

임금이 음식을 하사하면 반드시 자리를 반듯이 하고 먼저
맛을 봤다. 임금이 날고기를 하사하면 반드시 익혀서 먼저
조상에게 올렸다. 임금이 산 짐승을 하사하면 반드시 길렀
다. 임금을 모시고 식사할 때는 임금이 감사의 예를 취하고
난 후 먼저 음식 맛을 봤다. 공자가 병중에 있을 때 임금이 문
병을 오면, 머리는 동쪽에 두고 조정에 나갈 때 입는 예복을
몸에 덮은 후 그 위에 띠를 늘어뜨리고 맞았다. 임금이 부르
면 수레에 멍에 매는 것을 기다리지 않고 서둘러 나섰다.

태묘에 들어서서는 진행하는 절차마다 물었다.

벗 하나가 죽었는데 거두어줄 사람이 없었다. 공자가 말했다. "장례는 내가 치러주리라." 그러나 벗이 보낸 선물은 제사 지낸 고기가 아니면 비록 수레나 말이라도 절하지 않았다.[101]

잠잘 때는 마치 죽은 사람같이 축 늘어져 자지 않았고, 집에서는 편하게 앉았다.

상복 입은 사람을 보면 비록 친한 사이라도 얼굴빛을 고쳤고, 관모를 쓴 사람과 눈먼 이를 보면 비록 자주 보는 사이라도 반드시 예를 갖추었다. 수레를 타고 가다가 상복 입은 사람을 만나면 인사했고, 나라의 지도나 호적을 지고 가는 사람을 만나도 인사했다. 좋은 음식을 대접받으면 반드시 얼굴빛을 고치고 일어나 인사했다. 갑작스런 천둥과 사나운 바람을 만나면 반드시 얼굴빛을 고쳤다.

수레를 탈 때는 반드시 똑바로 서서 손잡이를 잡았다. 수레 안에서는 이리저리 두리번거리지 않았으며, 말을 빨리 하지도 않았고, 손가락으로 무엇을 가리키지도 않았다. [산길에서 꿩 몇 마리를 만났다.] 사람 기척을 느낀 꿩들이 곧 날아 올라 빙빙 돌더니 다시 내려앉았다. 공자가 말했다. "산마루의 꿩들이 때를 만났구나, 때를 만났어!" 자로가 꿩들을 향해 두 손을 모으자 꿩들은 다시 힘차게 날갯짓하고 가버렸다.[102]

제11장

선진先進

공자가 말했다. "옛날의 문물은 촌스럽다고 하고 요즈음의 문물은 세련되었다고 한다. 그러나 나보고 이 중에서 선택하라고 한다면 나는 옛것을 고르겠다."

공자가 말했다. "[내가 힘들었던 시절] 진나라와 채나라에서 나를 따랐던 사람들 모두 지금 내 문하에 있지 않구나. 덕행이 훌륭하기로는[德行] 안회, 민자건, 염백우, 중궁이었고, 말 잘하기로는[言語] 재아와 자공이었으며, 정치[政事]에는 염유와 자로였고, 문헌에 밝기로는[文學] 자유와 자하였다."

공자가 말했다. "안회는 나를 도와주는 사람이 아니다. 내 말을 듣고 기뻐하지 않은 적이 없다."103

공자가 말했다. "참으로 효성스럽구나, 민자건은! 그 부모 형제의 칭찬에 다른 사람까지도 이의가 없구나."

남용이 [흰 옥구슬에 대한 시] 백규白圭104를 세 번이나 반복해서 읊었다. 공자가 형의 딸을 아내 삼게 했다.

계강자가 물었다. "제자들 중 누가 배우기를 좋아합니까?"

공자가 대답했다. "안회라는 제자가 특히 배우기를 좋아했습니다만 명이 짧아 일찍 죽었습니다. 그래서 지금은 아무도 없습니다."

안회가 죽었다. [그의 아버지] 안로顔路가 공자에게 그의 수레를 팔아 아들의 곽을 만들자고 했다. 공자가 말했다. "재주가 있든 없든 누구나 제 자식은 아끼는 법이지요. 내 아들인 리鯉가 죽었을 때도 관만 썼지 곽을 만들지는 않았습니다. 수레를 팔아서 곽을 만들어주고 제가 걸어 다닐 수는 없습니다. 제가 대부大夫의 뒤를 따를 일이 있는데 걸어서 뒤따를 수는 없지 않습니까."[105]

안회가 죽었다. 공자가 말했다. "아! 하늘이 나를 버리시려 하는구나. 하늘이 나를 버리시려는 거야."

안회가 죽었다. 공자의 곡소리가 지나치게 슬펐다. 주변 제자들이 말했다. "선생님 상심이 너무 심하십니다." 공자가 말했다. "지나치다고? 그래 내가 이 사람을 위해서가 아니라면 누굴 위해 지나치게 슬퍼하겠는가."

안회가 죽었다. 공자의 제자들이 후하게 장례를 치르려고 했다. 공자가 말했다. "아서라." 하지만 제자들이 장례를 후하게 치렀다. 공자가 말했다. "안회야, 너는 나를 아비처럼 대했지만 나는 너를 아들처럼 대하지 못했구나. 하지만 내 탓이 아니다. 너와 같이 공부하던 사람들이 그렇게 한 것이야."

자로가 귀신 섬기는 법을 물었다. 공자가 대답했다. "산 사람도 제대로 섬기지 못하는데 어떻게 귀신까지 섬기겠는가."
자로가 이번에는 감히 죽음에 대해 물었다. 공자가 대답했
다. "삶도 제대로 모르는데 어떻게 죽음을 알겠는가."

민자건은 공자를 옆에서 모실 때 극진했고, 자로는 좀 억
셌으며, 염유와 자공은 편안하고 즐거워했다. 공자는 다 좋
게 생각했지만 이렇게 말했다. "다만 자로가 제명에 죽지 못
할까 걱정이다."

노나라 사람이 나라의 금고인 장부長府를 고쳤다. 민자건
이 말했다. "예전 그대로 두면 어때서. 왜 반드시 고쳐 지어
야만 하는 건지." 공자가 말했다. "저 사람이 말을 안 해서 그
렇지, 말을 했다 하면 틀림이 없다."

공자가 말했다. "자로가 어째서 [감히] 내 집에서 [잘 타지
도 못하는] 비파를 타는 건가?" 그러자 다른 제자들이 [공자
에게 야단맞은] 자로를 공경하지 않으니 공자가 말했다. "자
로의 학문은 마루까지는 올라왔지만 아직 방까지는 들어오
지 못했다."

자공이 물었다. "자장과 자하 중 누가 더 낫습니까?" 공자
가 대답했다. "자장은 좀 지나치고 자하는 좀 모자라지." 자
공이 다시 물었다. "그러면 자장이 더 낫다는 말씀이십니
까?" 공자가 말했다. "지나친 것이나 모자라는 것이나 똑같
은 거야."

계씨는 주공보다도 부유한데 염유가 세금을 수탈해서 그

를 더 부자로 만들어주었다. 공자가 말했다. "염유는 우리 사람이 아니다. [제자인] 너희가 북을 울려 성토해도 괜찮다."

고시高柴는 어리석고, 증삼은 아둔하며, 자장은 편벽되고, 자로는 거칠다.

공자가 말했다. "안회는 사람됨으로는 거의 경지에 이르렀지만 쌀과 땔감은 자주 떨어졌다. 자공은 본분에 맞지 않게 이재에 밝았고 번번이 시세의 변화에 잘 맞췄다."

자장이 선인善人의 길에 대해 물었다. 공자가 대답했다. "[선인이란 천성이 착한 사람이니] 굳이 다른 사람의 발자취를 따를 필요까진 없겠지만 그렇다고 최고의 경지에 올랐다고는 할 수 없겠지."

공자가 말했다. "논리가 치밀한[論篤] 사람을 칭찬한다면 그것은 그가 군자라는 얘기인가 아니면 말만 근사하단 뜻인가?"

자로가 물었다. "들으면 바로 실천할까요?" 공자가 대답했다. "아버지와 형이 살아 계시는데 어찌 들은 대로 바로 실천할 수 있겠는가?" 염유가 물었다. "들으면 바로 실천할까요?" 공자가 대답했다. "들으면 바로 실천해야지." 공서화가 말했다. "자로가 '들으면 바로 실천할까요?' 하고 여쭈었더니 '아버지와 형이 계시는데'라고 대답하셨고, 염유가 '들으면 바로 실천할까요?' 하고 여쭈었더니 '들으면 바로 실천해야지'라고 대답하셨습니다. 저로서는 확실히 이해가 안 돼 감히 여쭤봅니다." 공자가 대답했다. "염유는 소극적으로 물러나는 사람이라 북돋아주려고 그런 것이고, 자로는 워낙 씩씩한 사람이라 넘치는 것을 눌러주려고 그런 것이다."

공자가 광 땅에서 위험에 빠졌을 때 안회가 뒤에 처져 있다가 왔다. 공자가 말했다. "나는 네가 죽은 줄 알았다." 안회가 말했다. "선생님께서 살아 계신데 제가 어찌 감히 죽을 수 있겠습니까."

계자연季子然이 물었다. "자로와 염유를 큰 신하라고 할 수 있습니까?" 공자가 대답했다. "뭔가 다른 것을 물으실 줄 알았더니 겨우 자로와 염유에 대해 물으시는군요. 이른바 큰 신하란 도에 맞게 임금을 섬기다가 통하지 않으면 기꺼이 그만두는 사람이지요. 지금 자로와 염유는 [큰 신하라기보다는] 전문 관료[具臣]라고 할 수 있겠습니다." 계자연이 다시 물었다. "그렇다면 그들은 윗사람의 명을 따르기만 하는 사람들인가요?" 공자가 대답했다. "아비를 죽이고 임금을 시해하는 사람을 따르지는 않을 겁니다."

자로가 자고子羔를 비 땅의 사또로 삼았다. 공자가 말했다. "남의 [귀한] 자식을 잡는구나." 자로가 말했다. "거기에 백성이 있고 사직이 있는데 꼭 책을 읽어야만 배웠다고 할 수 있는 겁니까?" 공자가 말했다. "그래서 내가 말만 잘하는 사람을 미워하는 것이다."

자로, 증석曾晳, 염유, 공서화 네 사람이 공자를 모시고 앉왔다. 공자가 말했다. "내가 너희보다 나이가 좀 많다고 어렵게 생각하지 마라. 너희는 평소 '나를 알아주지 않는다'고 하는데, 만약 누군가가 알아준다면 어떻게 하겠느냐?" 자로가 생각 없이 대답했다. "천승의 나라가 큰 나라들 틈에 끼어 [밖으로는] 군대에 위협당하고 또 [안으로는] 기근에 시달리고 있다고 가정해 보겠습니다. 제가 가서 다스린다면 삼 년 안에 백성들을 용기 있게 만들고 도리를 알게 만들겠습니다." 공자가 빙그레 웃었다. 이번에는 "염유, 너는 어떠냐?" 하고 물었다. 염유가 대답했다. "사방 육칠십 리나 오륙십 리쯤 되는 [작은] 나라를 제가 다스리게 된다면 삼 년 안에 백성들을 풍족하게 할 수는 있을 겁니다. 하지만 예약禮樂을 가르치는 문제에 있어서는 현명한 지도자를 기다리겠습니다." 공자가 물었다. "공서화, 너는 어떠냐?" 공서화가 대답했다. "제가 유능하다고 말씀드릴 수는 없고, 저는 좀더 배웠으면 합니다. 종묘에 제사 드리는 일이나, 정상 회담 때 예복을 입고 관모를 쓰는 작은 역할이나 했으면 합니다." 공자가 물었다. "증석, 너는 어떠냐?" 증석은 타고 있던 비파로 끝 부분을 연주하고 나서 짜자잔 하고 줄을 한번 훑은 후 비파를 내려놓았다. 그리고 일어나 말했다. "저는 앞에 말한 세 사람과는 다릅니다." 공자가 말했다. "뭐 거리낄 게 있느냐? 그저 각자의 포부를 말한 것뿐인데." 증석이 대답했다. "저는 늦은 봄, 봄옷을 차려 입고 어른 대여섯, 어린아이 예닐곱과 함께

기수沂水에 가서 목욕하고 무우대舞雩臺에서 바람 쐬고 노래나 부르다가 돌아왔으면 합니다." 공자가 길게 숨을 내쉬고 감탄하며 말했다. "나는 증석과 함께하련다." 세 사람은 나가고 증석은 남았다. 증석이 말했다. "저 세 사람의 말이 어떻습니까?" 공자가 대답했다. "그저 각자의 포부를 말한 것일 뿐이지." 증석이 물었다. "선생님께서는 왜 자로의 말에 빙그레 웃으셨습니까?" 공자가 대답했다. "나라는 예로 다스려야 하는데 그의 말에 사양함[讓]이 없었다. 그래서 빙그레 웃었지." 증석이 물었다. "그러면 염유가 말한 것은 나라가 아닙니까?" 공자가 대답했다. "사방 육칠십 리나 오륙십 리 되는 땅을 어찌 나라라고 하지 않을 수 있겠느냐?" 공자가 대답했다. "그럼 공서화가 말한 것은 나라가 아닌가요?" 공자가 말했다. "종묘가 있고 정상 회담이 있는데 나라가 아니고 무엇이겠느냐? 공서화가 하겠다는 일이 작은 것이라면 어떤 일을 크다고 할 수 있겠느냐!"

제12장

안연 顔淵

안연이 인에 대해 물었다. 공자가 대답했다. "자기를 이기고 예로 돌아가는 것[克己復禮]이 인이다. 어느 날 자신을 이겨 예로 돌아가면 천하가 모두 너의 인을 칭찬할 것이다. 인이란 [이렇듯 자신을 이기는 과정을 통해] 자기 스스로에게서 나오는 것이지 남에게서 나오는 것이 아니다." 안연이 말했다. "구체적인 행동 강령에 대해서도 여쭙고 싶습니다." 공자가 말했다. "예가 아니면 보지 말고, 예가 아니면 듣지 말며, 예가 아니면 말하지 말고, 예가 아니면 움직이지 마라." 안연이 말했다. "제가 비록 불민不敏합니다만 그 말씀은 실천하도록 하겠습니다."

중궁이 인에 대해 물었다. 공자가 대답했다. "문을 나서서 [일을 할 때는] 마치 큰 손님을 맞듯이 하고, 백성을 대할 때는 큰 제사를 모시듯이 해라. 자기가 하고 싶지 않은 일을 남에게 시키지 마라. 그렇게 하면 나라에도 원망이 없을 것이고 집안에도 원망이 없을 것이다." 중궁이 말했다. "제가 비록 불민합니다만 그 말씀은 실천하도록 하겠습니다."

사마우司馬牛[106]가 인에 대해 묻자 공자가 말했다. "인이란 어눌한 것이다." 사마우가 물었다. "어눌하기만 하면 인하다고 할 수 있나요?" 공자가 말했다. "그러기도 어렵지. 너는 지금 그렇게 못하고 있지 않느냐."

사마우가 군자에 대해 물었다. 공자가 말했다. "군자란 근심이 없고 두려움 또한 없는 사람이다." 사마우가 말했다. "근심 없고 두려움이 없으면 군자라 할 수 있다는 말씀이신가요?" 공자가 말했다. "스스로 안을 살펴 부끄러움이 없다면 근심하거나 두려워할 게 뭐 있겠느냐."

사마우가 걱정스레 말했다. "다른 사람들은 모두 형제가 있는데 나만 혼자야." 자하가 말했다. "내가 듣기에 '죽고 사는 것은 운명이고, 부유하고 귀하게 되는 것은 하늘에 달려 있다'고 했네. 군자가 일을 신중하게 하여 실수하지 않고, 사람을 대할 때 공손하게 예로 맞는다면 온 세상이 다 형제라고 할 수 있겠지. 군자가 어찌 형제 없다고 걱정하는가?"

자장이 밝음[明]에 대해 물었다. 공자가 대답했다. "물방울이 스며들듯 파고드는 참소譖訴와 피부에 와 닿는 절박한 하소연[愬告]도 너에게 통하지 않는다면 밝다고 할 수 있다. 물방울이 스며들듯 파고드는 참소와 피부에 와 닿는 절박한 하소연도 너에게 통하지 않는다면 멀리 내다보는 안목[遠]을 지녔다고 할 수 있다."

자공이 정치에 대해 물었다. 공자가 대답했다. "백성들을 잘 먹이고, 국방을 튼튼히 하고, 백성들이 [정부가 하는 일을] 믿도록 하는 것이다." 자공이 물었다. "만약 어쩔 수 없이 이 셋 중 하나를 버려야 한다면 어느 것을 먼저 포기할까요?" 공자가 대답했다. "안보부터 버려야지." 자공이 물었다. "만약 어쩔 수 없이 나머지 둘 중 하나를 버려야 한다면 무엇을 먼저 할까요?" 공자가 대답했다. "배불리 먹이는 것부터 포기해야겠지. 옛날부터 사람은 누구나 다 죽게 마련이다. 하지만 백성들의 [정부에 대한] 믿음이 없으면 정치는 제대로 서지 않아."

[위나라의 대부인] 극자성棘子成이 말했다. "군자는 바탕[質]만으로 충분하다. 무늬[文]가 무슨 필요란 말인가?" 자공이 말했다. "안타깝습니다. 대부께서 군자에 대해 그렇게 말하는 것은 잘못되었습니다. 말 네 필이 끄는 마차로도 한번 뱉은 말[舌]을 따라잡을 수는 없는 법이지요. [화려한] 무늬는 [질박한] 바탕과 똑같이 중요하고, 바탕 또한 무늬와 똑같이 중요합니다. [털을 뽑은] 호랑이나 표범의 속 가죽이 개나 양의 속 가죽과 다를 게 뭐가 있겠습니까?"

애공이 유약[유자]에게 물었다. "날이 가물어 [농사가 잘 안 되다 보니] 나라에 쓸 것이 부족한데 어떡하면 좋을까요?" 유약이 말했다. "어째서 [십분의 일을 세금으로 내는] 철법徹法107을 적용하지 않으십니까?" 애공이 대답했다. "십분의 이를 거둬도 부족한데 어떻게 철법을 쓴다는 말씀이십니까?" 유약이 다시 말했다. "백성들이 넉넉하면 임금이 어떻게 부족하겠으며, 백성들이 부족하면 어떻게 임금이 넉넉할 수 있겠습니까?"

자장이 덕을 높이고 미혹을 분별하는 방법을 물었다. 공자가 대답했다. "충실과 믿음을 중시하고 의에 맞게 행동한다면 덕을 높일 수 있을 것이다. 사람을 아끼면 그가 [오래] 살기를 바라고 미워하면 [빨리] 죽기를 바라게 마련이다. 그런데 처음에 오래 살기를 바라다가 금세 또 죽기를 바라는 것이 곧 미혹됨이다. 이렇게 하면 '자신에게도 좋을 것이 없고 그저 남들이 이상하게 생각할 뿐이다'108."

제나라 경공景公이 정치에 대해 물었다. 공자가 대답했다. "임금이 임금다워야 임금이라 할 수 있고, 신하가 신하다워야 신하라고 할 수 있으며, 아비는 아비다워야 아비라고 할 수 있고, 자식은 자식다워야 자식이라고 할 수 있습니다. [이렇듯 각자 제 지위와 역할에 충실한 것이 정치의 기본이지요.]" 경공이 말했다. "좋은 말씀이십니다. 만약 임금이 임금답지 않고, 신하가 신하답지 않으며, 아비가 아비답지 않고, 자식이 자식답지 않다면 설령 양식이 많다고 하더라도 내 어찌 먹을 수 있겠습니까."

공자가 말했다. "한쪽 말만 듣고도 옥사獄事를 판결할 수 있는 사람은 아마 자로밖에 없을 것이다." 자로는 판단을 질질 끌며 묵히는 법이 없었다.

공자가 말했다. "송사訟事를 듣는 것이야 나도 남과 다를 게 없다. 그러나 나는 송사라는 것을 아예 없애고 싶다."

자장이 정치에 대해 물었다. 공자가 대답했다. "맡은 업무에 게으르지 않고, 충심으로 집행하는 것이다."

공자가 말했다. "우선 널리 배우고 그 다음에 배운 것을 예로 단속한다면 도리에 어긋나는 일이 없을 것이다."

공자가 말했다. "군자는 남의 좋은 일은 이루어지게 해주고 남의 나쁜 일은 이루어지지 않게 해준다. 소인은 그와 반대다."

계강자[109]가 정치에 대해 물었다. 공자가 대답했다. "정치란 반듯함[正]입니다. 계강자께서 반듯하게 이끌어가신다면 감히 누가 반듯하지 않을 수 있겠습니까?"

계강자가 도둑이 많은 것을 걱정해서 이에 대해 공자에게 물었다. 공자가 대답했다. "만약 계강자부터 [도둑질할] 욕심을 부리지 않는다면 설령 상을 준다고 해도 도둑질할 사람이 없을 것입니다."

계강자가 공자에게 정치에 대해 물었다. "만일 무도한 것들을 쓸어버리고[殺] 도가 있는 세상을 만든다면 어떻겠습니까?" 공자가 대답했다. "계강자께서는 정치를 하신다면서 어찌 쓸어버릴 궁리를 하십니까! 먼저 착해지려 하신다면 백성들도 [자연히] 착해지는 것이지요. 군자는 바람과 같고 소인은 풀과 같은 것입니다. 풀 위로 바람이 불면 풀은 바람 부는 대로 기울어지게 마련이지요."

자장이 물었다. "선비는 어떻게 해야 통달했다고 할 수 있습니까?" 공자가 말했다. "네가 말하는 통달이란 게 무슨 뜻이냐?" 자장이 대답했다. "나라에서도 이름이 나고 대부 가에서도 이름이 나는 것을 말합니다." 공자가 말했다. "그건 이름이 나는 것이지 통달한 것은 아니다. 이른바 통달이란 사람됨이 정직하고 무슨 일이 생기면 그 이치를 잘 따지는 것이다. 또한 다른 사람이 말하는 의도를 잘 파악하며 안색의 변화를 잘 헤아리는 것이다. 그리고 상대방을 배려하고 자신을 낮추는 것이다. 이렇게 하면 나라 일에도 통달할 수 있고 대부 가의 일에도 통달할 수 있을 것이다. 하지만 이름이 난다는 것은 겉으로는 인자한 것 같아도 실상은 그렇지 않으며, [그러면서도] 한치의 의심도 없이 자신이 인자한 사람이라 생각하고 사는 것이다. [그 겉모습만으로] 나라에서도 이름이 나고 대부 가에서도 이름이 날 것이다. [그러나 그 이름이란 거짓된 명성일 뿐이다.]"

번지가 공자와 함께 무우대 아래를 유람하다가 물었다. "덕을 높이고, 다른 사람의 드러나지 않는 원망을 해소해주며, 미혹됨을 분별하는 방법을 감히 여쭙니다." 공자가 대답했다. "참 좋은 질문을 했다. 일을 먼저 하고 소득은 나중에 얻는다면 이것이 덕을 높이는 것이 아닐까? 자신의 잘못은 비판하되 남의 잘못은 따지지 않으면 드러나지 않는 원망을 해소할 수 있지 않을까? 하루아침의 분노를 참지 못해 [이성을 잃어] 자신을 통제하지 못하고 그 영향이 부모에게까지 미치게 하면 그게 미혹됨이 아닐까?"

번지가 인에 대해 물었다. 공자가 대답했다. "사람을 아끼는 것이다." 이번에는 지에 대해 물었다. 공자가 대답했다. "사람을 아는 것이다." 번지가 충분히 이해하지 못했다. 공자가 다시 말했다. "반듯한 사람을 뽑아 굽은 사람 위에 두면 굽은 사람도 반듯하게 만들 수 있다." 번지가 물러나 자하를 만나서는 말했다. "방금 선생님을 뵙고 지에 대해 여쭈었더니 '반듯한 사람을 뽑아 굽은 사람 위에 두면 굽은 사람도 반듯하게 만들 수 있다'고 말씀하셨네. 무슨 뜻일까?" 자하가 대답했다. "그 말씀이 정말 의미심장하네! 순 임금이 천하를 다스릴 때 무리 속에서 고요皐陶를 뽑아 썼더니 나쁜 사람들이 사라졌다네. 탕 임금이 천하를 다스릴 때 무리 중에서 이윤伊尹을 뽑아 썼더니 나쁜 사람들이 사라졌다네."

자공이 벗에 대해 물었다. 공자가 대답했다. "충심으로 권고하고 잘 이끌어주되, 듣지 않으면 그만 그치면 된다. [안 되는 일에 매달려] 모욕을 자초할 필요는 없다."

증자가 말했다. "군자란 문文으로 벗을 모으고, 벗을 통해 인仁을 키워간다."

제13장

자로子路

자로가 정치에 대해 물었다. 공자가 말했다. "자신이 먼저 솔선수범하고 그런 다음에 백성들에게 일을 시키면 된다." 자로가 한말씀 더 청했다. 공자가 대답했다. "게으르면 안 되겠지."

중궁이 계씨의 재상이 되어 공자에게 정치에 대해 물었다. 공자가 대답했다. "일할 때는 전문가를 앞세우고, 작은 허물은 따지지 않으며, 현명하고 재능 있는 인재를 뽑아 쓰는 것이다." 중궁이 다시 물었다. "현명하고 재능 있는 인재를 어떻게 알고 뽑아 쓴다는 말씀이신지요?" 공자가 대답했다. "일단 네가 아는 사람 중에서 뽑아 쓰면 된다. 그렇게 하면 네가 모르는 인재들도 다른 사람들이 버려두지 않을 것이다."

자로가 말했다. "위나라 임금이 선생님께 정치를 맡긴다면 무슨 일부터 먼저 하시렵니까?" 공자가 대답했다. "나는 먼저 이름을 바로잡을[正名] 것이다."110 자로가 말했다. "이렇다니까요, 참. 선생님께서는 현실에 너무 어두우십니다! 그게 어떻게 바로잡히겠습니까?" 공자가 말했다. "경솔하구나, 자로! 군자란 자신이 확실히 알지 못하는 것에 대해서는 유보하는 태도를 취하는 법이다. 이름이 바르지 않으면 말이 이치에 맞지 않고, 말이 이치에 맞지 않으면 일이 이루어지지 못한다. 일이 이루어지지 못하면 예악도 생기지 못하고, 예악이 생기지 못하면 형벌이 제대로 집행되지 못한다. 형벌이 제대로 집행되지 못하면 백성들은 손발을 어디에 두어야 할지도 모르게 된다. 그러니 군자는 명분이 서면 반드시 말해야 하고, 말을 했으면 반드시 행동으로 옮겨야 한다. 군자는 [명분 있는] 말을 하는 데 조금도 구애받을 필요가 없다."

번지가 농사 짓는 법을 배우고자 청했다. 공자가 대답했다. "나는 경험 많은 농부만 못하다." 이번에는 채소 가꾸는 법을 배우고자 청했다. 공자가 대답했다. "나는 채소 가꾸는 데 경험이 많은 농부만 못하다." 번지가 나가자 공자가 말했다. "참 소인이로다, 번지는! 윗사람이 예를 좋아하면 백성들이 감히 공경하지 않을 리 없고, 윗사람이 정의로우면 백성들이 마음을 다해 복종하지 않을 리 없으며, 윗사람이 믿음직하면 백성들이 정을 느끼지 않을 리 없다. 그렇게 하기만 하면 [자연히] 사방에서 사람들이 아이를 업고 세간을 지고 몰려들 텐데 [통치자가 되어야 할 군자 입장에서] 농사 짓는 데 신경 쓸 겨를이 있겠는가."

공자가 말했다. "시 삼백 편을 다 외우더라도 정치를 맡아 제대로 처리하지 못하고 사신으로 외국에 나가 혼자서 경우에 맞게 응대하지 못한다면 설령 시를 많이 외웠다 하더라도 무슨 쓸모가 있겠느냐?"

공자가 말했다. "[윗사람이] 스스로 몸을 바르게 하면 굳이 명령하지 않아도 일이 시행되겠지만, 몸을 바르게 하지 못하면 명령을 내린다 해도 일이 제대로 시행되지 않을 것이다."

공자가 말했다. "노나라나 위나라의 정치가 [둘 다 문제가 많아서] 서로 형, 아우 하는 정도이다."

공자가 위나라 공자公子인 형荊에 대해 말했다. "그 사람은 생활을 잘하는 사람이다. 처음에 재산이 조금 생기자 '그런대로 지낼 만하다'고 하고, 좀더 여유가 생기자 '거의 완벽하다'고 하더니, 아주 부자가 된 다음에도 '거의 환상적이다'라고 말할 뿐이다."111

공자가 위나라에 갈 때 염유가 수레를 몰았다. 공자가 말했다. "백성들이 많구나!" 염유가 말했다. "백성 수가 많아진 다음에는 뭘 해야 합니까?" 공자가 말했다. "넉넉하게 만들어줘야겠지." 염유가 물었다. "이미 넉넉해졌다면 그 다음엔 뭘 해야 합니까?" 공자가 대답했다. "가르쳐야지."

공자가 말했다. "만약 누군가 나를 등용해서 정치를 맡겨준다면, 나는 일 년이면 충분히 해낼 수 있고 삼 년이면 크게 이룰 수 있을 것이다."

공자가 말했다. "'선인善人이 백 년 정도 나라를 다스려야 잔악함을 이기고 살육을 없앨 수 있다'는 말이 있는데, 정말 맞는 말이다."

공자가 말했다. "설령 왕자王者가 나타난다 해도 반드시 한 세대는 지나야 인을 이룰 수 있을 것이다."

공자가 말했다. "자기 몸을 바르게 했다면 정치에 나서도 문제 없을 것이다. 하지만 제 몸도 바르게 하지 못한다면 어떻게 남을 바로잡을 수 있겠는가?"

염유가 조정의 일을 마치고 돌아왔다. 공자가 물었다. "어째서 이렇게 늦었나?" 염유가 대답했다. "정치적인 일이 있었습니다." 공자가 말했다. "그건 그냥 일상적인 일일 뿐이다. 비록 내가 등용되지는 않았지만 만일 정치적인 일이 있었다면 나도 그에 관해 들었을 것이다."

[노나라] 정공이 물었다. "말 한마디로 나라를 일으킬 수 있다고 했는데 가능한 일입니까?" 공자가 대답했다. "어떻게 꼭 그렇겠습니까마는 사람들이 '임금 노릇 하기 어렵고 신하 노릇 하기도 쉽지 않다'고 했습니다. 만일 임금 노릇 하기가 어려운 것을 안다면 거의 말 한마디로 나라를 일으키는 수준이라고 할 수 있지 않겠습니까?" 정공이 또 물었다. "말 한마디로 나라를 잃을 수도 있다는데 가능한 얘기입니까?" 공자가 대답했다. "어떻게 꼭 그렇겠습니까마는, 사람들 하는 말

이 '임금 노릇 하는 게 즐거운 것이 아니고, 단지 무슨 말을 하면 아무도 거스르는 사람이 없는 게 즐거울 따름이다'라고 했습니다. 만약 그 말이 선하고 마침 거스르는 사람도 없다면 그건 괜찮은 일이지요. 그러나 그 말이 선하지 않은데도 거스르는 사람이 없다면 그건 거의 말 한마디로 나라를 잃어버리는 일이겠지요."

섭공이 정치에 대해 물었다. 공자가 대답했다. "가까이에 있는 사람을 기쁘게 해주고, 멀리 있는 사람을 오게 만드는 것입니다."

자하가 거보萬父 땅의 재상이 되어 공자에게 정치에 대해 물었다. 공자가 대답했다. "급하게 성과를 얻으려고 서둘지 말고, 작은 이해 관계에 연연하지 마라. 급하게 서두르면 오히려 성과를 얻기 어렵고, 작은 이해 관계에 연연하면 결국 큰 일을 이루지 못하게 된다."

섭공이 공자에게 말했다. "우리 동네에 정직한 사람이 하나 있습니다. 아비가 양을 훔쳤는데 그 아들이 아비를 고발했습니다." 공자가 말했다. "우리 동네의 정직함은 좀 다릅니다. 아비는 자식을 숨겨주고 자식은 아비를 숨겨줍니다. 정직함이란 그러한 가운데에 있는 것이지요."

번지가 인에 대해 물었다. 공자가 대답했다. "평소에는 공손하고, 일할 때는 진지하며, 사람에게 충실한 것이다. 비록 오랑캐 나라에 가더라도 이것을 버려서는 안 된다."

자공이 물었다. "어떻게 해야 선비답다고 할 수 있습니까?" 공자가 대답했다. "자기의 행실을 부끄러워할 줄 알고, 외국에 사신으로 나가 임금의 명을 욕되게 하지 않으면 선비답다고 할 수 있다." 자공이 물었다. "그 아래 단계는 무엇인지도 감히 여쭙겠습니다." 공자가 대답했다. "온 집안에서 효성스럽다는 칭찬을 받고, 온 동네에서 공손하다는 칭찬을 받는 사람이다." 자공이 또 물었다. "그 아래 단계도 감히 여쭙고자 합니다." 공자가 대답했다. "말에 신용이 있고, 행동에서 맺고 끊음이 분명한 사람이다. 그 정도로는 옹졸해 보여서 소인이라고 할 수도 있지만, 그래도 그 아래 단계는 된다." 자공이 물었다. "그러면 요즈음 정치하는 사람들은 어떻습니까?" 공자가 대답했다. "웬걸, 도량이 좁은 사람들이다[斗筲之人]. 어디 계산에나 넣을 수 있겠느냐."

공자가 말했다. "언행에서 중용을 지키는 사람과 함께하지 못할 바에는 반드시 [비록 한쪽으로 치우치기는 했어도 가능성이 있는] 과격한 사람이나 고집 센 사람과 사귀련다. 과격한 사람은 한 뜻으로 나아가기는 하고, 고집 센 사람에게는 지킬 무엇이라도 있기 때문이다."

공자가 말했다. "남쪽 지방 사람들의 말에 '사람이 항상심이 없으면 무당이나 의원 노릇도 못해먹는다'는 것이 있는데, 이것은 정말 맞는 말이다."《주역周易》112에 이르기를 '덕에 항상성이 없으면 결국 부끄러운 경우를 당하게 된다'고

했다. 공자가 말했다. "[이 말은 곧] 항상심을 갖는 것이 중요한 일이지 점을 친다고 될 일이 아니라는 뜻이다."

공자가 말했다. "군자는 화합하지만 남들과 똑같아지려고 하지는 않는다. 소인은 남들과 똑같아지려고 할 뿐 화합하지는 못한다."

자공이 물었다. "마을 사람들이 모두 다 좋아하면 어떻습니까?" 공자가 대답했다. "충분하지 않다." 자공이 또 물었다. "마을 사람들이 모두 다 싫어하면 어떻습니까?" 공자가 대답했다. "그것도 충분하지 않다. 가장 좋은 것은 마을 사람 중에서 선한 사람들이 좋아하고 선하지 않은 사람들이 싫어하는 것이다."

공자가 말했다. "군자를 모시기는 쉽지만 군자를 기쁘게 하기는 어렵다. 군자는 도에 맞지 않으면 아예 기뻐하지 않고, 사람을 쓸 때는 각자의 재능과 덕성을 고려하기 때문이다. 소인을 모시기는 어렵지만 소인을 기쁘게 하기는 쉽다. 소인은 도에 맞지 않아도 기뻐하고, 사람을 쓸 때는 [자신은 그러지도 못하면서] 다 갖추기를 요구하기 때문이다."

공자가 말했다. "군자는 태연하지만 교만하지 않고, 소인은 교만하지만 태연하지 못하다."

공자가 말했다. "강직하고 굳세고 소박하고 어눌한 것이 인에 가깝다."

자로가 물었다. "어떻게 해야 선비답다고 할 수 있습니까?" 공자가 대답했다. "서로 챙겨주면서 화목하게 지내면 선비라고 할 수 있다. 친구끼리는 서로 챙겨주고 형제끼리는 화목하게 지내야 할 것이다."

공자가 말했다. "선인이라도 [적어도] 칠 년은 가르친 뒤에야 백성을 전쟁에 내보낼 수 있을 것이다."

공자가 말했다. "아직 훈련되지 않은 백성을 전쟁에 내보내는 것은 그들을 그냥 [죽도록] 내버리는 것이다."

제14장

헌문憲問

원헌原憲[113]이 부끄러움에 대해 물었다. 공자가 대답했다. "나라에 도가 있을 때도 녹을 받고, 나라에 도가 없을 때도 녹을 받는 것을 부끄러움이라 한다." 원헌이 또 물었다. "이기려 하고, 스스로 자랑하고, 원망하고, 욕심 내는 것, 이 네 가지를 드러내지 않았다면 인이라고 할 만한지요?" 공자가 대답했다. "하기 어려운 일이라고는 할 수 있겠지만 인이라고 할 수 있을지는 나도 잘 모르겠다."

공자가 말했다. "선비가 편안한 삶을 원한다면 선비라고 말하기 어렵다."

공자가 말했다. "나라에 도가 있으면 말과 행동을 정직하게 해도 되지만, 나라에 도가 없으면 행동은 정직하게 하되 말은 공손하게 해야 할 것이다."

공자가 말했다. "덕 있는 사람은 반드시 훌륭한 말을 하지만, 말 잘하는 사람이 꼭 덕이 있는 것은 아니다. 인자는 틀림없이 용기 있지만, 용기 있는 사람이라고 꼭 인이 있는 것은 아니다.”

남궁괄[남용]이 공자에게 물었다. “예羿114는 활을 잘 쏘았고, 오奡115는 힘이 세어 배를 끌 정도였지만 모두 제명을 다 하지 못하고 죽었습니다. 그런데 우禹와 직稷은 몸소 농사를 지으면서도 천하를 얻지 않았습니까?” 공자가 대답하지 않고 있다가 남궁괄이 나가자 말했다. “군자로다, 저 사람은! 정말 덕을 숭상하는구나, 저 사람은!”

공자가 말했다. “군자 중에 어질지 못한 사람이 있을 수는 있지만, 소인 중에 어진 사람은 없다.”

공자가 말했다. “사람을 아낀다고 해서 아예 일도 안 하게 할 수야 있겠나? 사람이 충심이 있다고 해서 아예 깨우쳐주지 않을 수 있겠나?”

공자가 말했다. “정鄭나라의 외교 문서는 비심裨諶이 초안을 잡으면, 세숙世叔이 따져 논하고, 전문 외교관인 자우子羽가 고치고 다듬은 다음, 자산子産116이 문장을 손질했다.”

누가 자산에 대해 물었다. 공자가 대답했다. “너그럽고 자혜로운 사람이다.” 이번에는 자서子西117에 대해 물었다. 공자가 [아예 언급할 가치도 없다는 뜻으로] 대답했다. “그 사람 말이냐? 그 사람 말이지?” 관중에 대해서도 물었다. 공자가 대답했다. “대단한 인물이지. 관중은 대부 백씨伯氏의 땅인 병읍의 삼백 호를 빼앗았는데, 백씨는 거친 음식을 먹으면서도 죽을 때까지 관중을 원망하지 않았다.”

공자가 말했다. "가난하면서도 원망하지 않기는 어렵지만, 부자이면서도 교만 떨지 않기는 [오히려] 쉽다."

공자가 말했다. "맹공작孟公綽은 [큰 나라인] 조趙나라나 위魏나라의 가신을 하기엔 충분하지만, [작은 나라인] 등滕나라나 설薛나라의 대부를 하기에는 적당치 않다."118

자로가 완벽한 사람[成人]에 대해 물었다. "장무중臧武仲의 지혜와 맹공작의 담백함, 변장자卞莊子의 용기와 염유의 다재다능함 등을 예악으로 잘 다듬는다면 그 또한 완벽한 사람이 아니겠느냐." 공자가 이어 말했다. "요즈음은 완벽한 사람이라 해서 어떻게 꼭 그럴 수 있겠느냐. 이해 관계에 부딪히면 마땅한 경우를 생각하고, 위태로운 상황을 보면 목숨을 던지며, 곤궁함이 오래 계속되어도 평소에 한 말을 잊지 않는다면 그 역시 완벽한 사람이라고 할 수 있겠지."

공자가 공명가公明賈에게 공숙문자公叔文子119에 대해 물었다. "그분은 말도 하지 않으시고, 웃지도 않으시며, 잘 취取하지도 않으신다는데 그게 정말인가?" 공명가가 대답했다. "말을 전한 사람이 잘못 전한 것입니다. 그분은 말을 해야 할 적절한 때에 말을 하기 때문에 사람들이 그 말을 싫어하지 않고, 다들 즐거워야 비로소 웃으니 사람들이 그 웃음을 싫어하지 않으며, 정당해야 비로소 취하니 다른 사람들이 그 취함을 싫어하지 않는 것이지요." 공자가 말했다. "그럼 그렇지. 어떻게 소문대로 그럴 수 있겠느냐?"

공자가 말했다. "장무중이 [자신의 아들로] 자신의 봉지인 방防 땅의 후계자를 정해줄 것을 노나라에 요구했다. 말은 임금을 협박한 게 아니라지만 나는 그 말을 믿지 않는다."

공자가 말했다. "진晉나라 문공文公은 권모술수에 밝았고 성품이 반듯하지도 않았다. 하지만 제齊나라 환공桓公은 성품이 반듯했고 권모술수를 쓰지도 않았다."120

자로가 물었다. "제나라 환공이 자신의 형 규糾를 죽이자121 [규의 사부인] 소홀召忽은 그를 따라 자살했습니다. 하지만 [또 다른 사부였던] 관중은 죽지 않았습니다. 관중은 인에 이르지 못했다고 해야겠지요?" 공자가 대답했다. "환공은 여러 차례 제후들을 모아 동맹을 맺었는데 무력을 쓰진 않았다. 이것이 모두 관중의 힘 덕분이었다. 관중의 인 같기만 하라지. 관중의 인 같기만 하거라!"

자공이 말했다. "관중은 인자가 아니겠지요? 환공이 형 규를 죽였는데도 따라 죽지 않았을 뿐 아니라 오히려 환공을 돕지 않았습니까?" 공자가 대답했다. "관중은 환공을 도와 제후들의 패자가 되게 했고, 천하를 하나로 바로잡았다. 백성들은 지금까지도 그 혜택을 누리고 있다. 관중이 아니었다면 우리는 [야만인처럼] 머리를 풀어 헤치고 [오랑캐처럼] 왼쪽으로 옷고름을 여미고 있을 것이다. 그가 어찌 평범한 사람들처럼 사소한 약속에 목숨을 걸어 시골 골짜기에서 목을 매겠느냐. 그건 대의를 모르는 것이 아닐까?"

공숙문자의 가신인 대부 선僎이 [주인이었던] 공숙문자와 함께 나라의 대신이 되었다. 공자가 이를 듣고 말했다. "공숙문자는 과연 시호를 문文이라고 할 만하다."

　공자가 위나라 영공의 무도함에 대해 말했다. 계강자가 말했다. "그런데도 어째서 그 나라가 망하지 않는 겁니까?" 공자가 대답했다. "중숙어[공숙문자]가 외교를 맡고 있고, 축타가 제사를 담당하고 있으며, 왕손가가 군대를 지휘하고 있습니다. [이렇게 유능한 관리들이 받쳐주고 있으니] 어찌 망할 수 있겠습니까?"

　공자가 말했다. "큰소리 친 것을 부끄러워하지 않는다면 실천도 어려울 것이다."

　[제나라 대부] 진항陳恒이 [임금인] 간공簡公을 시해했다. 공자가 목욕재계하고 조정에 나아가 애공에게 말했다. "진항이 임금을 시해했으니 청컨대 그를 토벌하십시오." 애공이 말했다. "그대가 이 나라의 세 실력자[계씨, 맹씨, 숙씨]에게 가서 알리시오." 공자가 말했다. "나는 대부의 뒤를 따르는 사람이라 감히 임금께 아뢰지 않을 수 없었다. 그런데 임금께선 '세 실력자에게 알리라'고 하신다." 공자가 세 실력자에게 알렸지만 [그들이 공자가 임금에게 청한] 그대로 할 리 없었다. 공자가 말했다. "나는 대부의 뒤를 따르는 사람이라 감히 알리지 않을 수 없었다."

　자로가 임금을 섬기는 것에 대해 물었다. 공자가 대답했다. "속이지 말고, 거스르더라도 간곡하게 간해야 한다."

공자가 말했다. "군자는 [인의와 같은 덕성인] 위에 통달하고, 소인은 [재물이나 이익과 같은] 아래에 통달한다."

공자가 말했다. "옛날의 학자들은 자기를 닦는 데 몰두했는데[爲己之學], 요즈음의 학자들은 남에게 보이는 데 몰두한다[爲人之學]."

[위나라 대부인] 거백옥遽伯玉[122]이 공자에게 사신을 보냈다. 공자가 사신에게 자리를 권하며 안부를 물었다. "대부께선 요즈음 어떻게 지내십니까?" 사신이 대답했다. "대부께선 허물을 적게 하고자 하시지만 아직 부족하십니다." 사신이 나가자 공자가 말했다. "훌륭한 사신이다. 훌륭한 사신이야."

공자가 말했다. "그 자리에 있지 않으면 그 직무를 논하지 말아야 한다."

증자가 말했다. "군자는 생각이 그 자리를 넘어서지 않아야 한다."

공자가 말했다. "군자는 말이 실천보다 지나친 것을 부끄러워한다."

공자가 말했다. "군자가 실천해야 할 것이 세 가지가 있는데 나는 제대로 하는 게 없다. 인자한 사람은 근심하지 않고, 지혜로운 사람은 미혹되지 않으며, 용기 있는 사람은 두려워하지 않는다." 자공이 말했다. "선생님께서 바로 당신 자신에 대해 말씀하신 것이다."

자공이 다른 사람들을 악평했다. 공자가 말했다. "너는 스스로가 똑똑하다고 생각하는구나. 나는 그럴 틈조차 없는데 말이다."

공자가 말했다. "남이 나를 알아주지 않는 것을 걱정하지 말고 자신의 능력 없음을 걱정해라."

공자가 말했다. "다른 사람이 나를 속이지 않을까 미리 추측하지 말고, 다른 사람이 나를 믿어주지 않을까 억측하지 마라. 일찍 그런 낌새를 깨닫는 것, 그것이 현명함이다."

미생무微生畝[123]가 공자에게 말했다. "자네는 왜 그렇게 바쁜가? 말재간을 부리는 것 아닌가?" 공자가 대답했다. "제가 감히 말재간을 부리겠습니까. [그저] 기존의 완고함을 싫어하다 보니 그렇게 되었습니다."

공자가 말했다. "천리마를 칭찬하는 것은 그 힘 때문이 아니라 그 덕 때문이다."

누가 말했다. "원한을 덕으로 갚는 것은 어떻습니까?" 공자가 대답했다. "그러면 덕은 무엇으로 갚는가? 원한은 정직하게 갚고 덕은 덕으로 갚으면 된다."

공자가 말했다. "나를 알아주는 이가 없다." 자공이 말했다. "어째서 선생님을 알아주는 이가 없다고 하십니까?" 공자가 대답했다. "나는 하늘을 원망하지 않으며 사람을 탓하지도 않는다. 아래로 작은 기능들을 배웠지만 위로 큰 이치를 깨닫고 싶을 뿐이다.[124] 그런 나를 알아주는 이는 하늘밖에 없다."

[계손의 가신인] 공백료公伯寮가 [주인인] 계손에게 자로를 참소했다. 자복경백子服景伯이 이 사실을 공자에게 알리며 말했다. "계손께서는 공백료를 의심하고 있습니다. 제가 힘을 써서 공백료의 목을 저잣거리에 내걸 수도 있는데요." 공자가 말했다. "도가 장차 실현되는 것도 운명이고, 도가 장차 사라져 없어지는 것도 운명입니다. 공백료가 그 운명을 어떻게 할 수 있겠습니까?"

공자가 말했다. "현명한 사람은 세상을 피하고, 그 다음으로 사는 곳을 피하며, 사람을 피하고, 말[言]을 피한다." 공자가 또 말했다. "그런 사람들이 이미 일곱 명 있다."

자로가 [성의 바깥문인] 석문石門에서 묵었다. [다음날 새벽에 성으로 들어오니] 문지기가 물었다. "어디서 오는 길이오?" 자로가 대답했다. "공자의 집에서 오는 길이오." 문지기가 말했다. "바로 그, 안 되는 줄 알면서도 굳이 하려고 하는 그 사람 말이지요?"

[하루는] 공자가 위나라에서 경쇠[磬]를 치고 있는데 마침 삼태기를 메고 그 집 앞을 지나던 사람이 말했다. "경쇠 소리에 마음이 숨어 있구나!" 더 듣고 나서 그 사람이 또 말했다. "경쇠 두드리는 소리가 비루하다! 자기를 알아주는 이 없으면 그만이지. [시에 이르길] '물이 깊으면 옷을 벗고 건너면 되고 물이 얕으면 옷을 걷고 건너면 된다'125고 했다." 공자가

말했다. "[그 말 한번] 확실하다. 그렇게 하는 것은 사실 어려운 일이 아니다. [나는 그 이상을 생각하니 괴로운 것이다.]"

자장이 물었다. "《상서尚書》에 '은나라 고종이 선왕의 상을 치르는 삼 년 동안 말을 하지 않았다'고 했는데 무슨 뜻입니까?" 공자가 대답했다. "어디 고종만 그랬겠느냐? 옛 사람들은 다 그렇게 했다. 임금이 죽으면 [뒤를 이은 임금은 삼 년 동안 직접 정치를 하지 않고] 모든 관리들이 재상의 명을 받아 일했다."

공자가 말했다. "윗사람이 예를 좋아하면 백성들을 쉽게 부릴 수 있다."

자로가 군자에 대해 물었다. 공자가 대답했다. "진지한 자세[敬]로 자기 몸을 닦는 사람이다." 자로가 물었다. "그게 전부입니까?" 공자가 대답했다. "스스로 몸을 닦고 나아가 다른 사람들을 편안하게 해주어야겠지." 자로가 또 물었다. "그렇게만 하면 되나요?" 공자가 대답했다. "스스로 몸을 닦고 나아가 결국 온 백성을 편안하게 해주어야 한다. 그런데 제 몸을 닦아 결국 온 백성을 편안하게 해주는 일은 요, 순 임금도 하기 어려워했다."

[어릴 적 친구인] 원양原壤이 엉거주춤하게 쭈그리고 앉아 공자를 맞았다. 공자가 말했다. "자네는 어려서 공손하지 않았고, 자라서 아무런 공적이 없었으며, 늙어서는 빨리 죽지 않으니 바로 도둑이 아닌가!" 그러고는 지팡이로 친구의 정

강이를 때렸다.

　[공자의 고향인] 궐闕 마을의 아이 하나가 [고향과 공자 사이에] 소식 전하는 일을 하고 있었다. 누가 그 아이에 대해 물었다. "나아지고 있습니까?" 공자가 대답했다. "나는 그 아이가 상석에 자리 잡고 앉아 있는 것도 보았고, 나이 든 사람과 어깨를 나란히 하고 걷는 것도 보았다. 그 아이는 나아지기를 바라는 것이 아니라 빨리 어른이 되고 싶어한다."

제15장

위영공衛靈公

위나라 영공이 공자에게 군대에서 진을 치는 법에 대해 물었다. 공자가 대답했다. "예법에 대해서는 일찍이 들은 바가 있습니다만, 군대와 관계된 일은 배운 적이 없습니다." 공자는 다음날 바로 [위나라를] 떠났다.

진나라에서 양식이 떨어져, 공자를 따르던 사람들이 병이 나 일어나지도 못했다. 자로가 화가 나서 공자를 만나 말했다. "군자도 곤궁할 때가 있는 겁니까?" 공자가 대답했다. "군자라야 곤궁함을 견딜 수 있다. 소인은 곤궁하면 함부로 하게 되지."

공자가 말했다. "자공아, 너는 내가 많이 배우고 그것을 다 기억하는 사람이라고 생각하느냐?" 자공이 대답했다. "예, 그렇게 생각합니다. 그런데 아니라는 말씀이신가요?" 공자가 말했다. "그래, 아니다. 나는 하나로 [기본 이치를] 꿰고 있는 것이다."

공자가 말했다. "자로야, 덕을 아는 사람이 드물구나."

공자가 말했다. "무위無爲[126]로 다스리는 사람은 바로 순임금이다. 어떻게 하신 걸까? 그저 몸을 단정히 하고 조정에 앉아 계셨을 뿐이다."

자장이 사는 법[行]에 대해 물었다. 공자가 대답했다. "말을 충심으로 하고 그 말에 책임을 지며, 행동을 돈독하고 진지하게 한다면 설령 야만의 땅에 가더라도 살 수 있을 것이다. 말에 충심이 없고 그 말에 책임도 안 지며, 행동에도 돈독함이나 진지함이 없으면 비록 고향 동네라 해도 살기 어려울 것이다. [말과 행동에 대한 나의 이 지침이] 서 있을 때는 바로 눈앞에 있는 것처럼 보이고, 수레를 타고 있을 때는 마치 앞에 있는 멍에에 새겨 있는 것처럼 보여야 한다. 그런 정도가 되어야 사는 법을 익혔다 할 수 있다." 자장이 이 말을 띠에다 적었다.

공자가 말했다. "곧은 사람이다, 사어史魚는! 나라에 도가 있어도 화살처럼 곧고, 나라에 도가 없어도 화살처럼 곧다. 군자다, 거백옥은! 나라에 도가 있으면 나아가 벼슬을 하고, 나라에 도가 없으면 [자신의 능력을] 거두어 감추어둔다."

공자가 말했다. "더불어 말할 만한데도 말을 하지 않으면 사람을 잃는다. 더불어 말할 만하지 않은데도 말을 하면 말을 잃는다. 지혜로운 사람은 사람도 잃지 않고 말도 잃지 않는다."

공자가 말했다. "지사志士와 인인仁人은 삶에 연연하여 인을 해치지 않는다. 오히려 목숨을 바쳐 인을 이룬다."

자공이 인을 함양하는 법에 대해 물었다. 공자가 대답했다. "장인匠人이 제 일을 잘하려면 먼저 연장부터 날카롭게 갈아 놓아야 한다. [같은 이치로 인을 함양하려면] 이 나라 대부들 중 현명한 사람들을 모셔야 하고, 선비들 중 어진 사람들과 어울려야 할 것이다."

안연이 나라 다스리는 법에 대해 물었다. 공자가 말했다. "하나라의 역법을 사용하고, 은나라의 수레를 타며, 주나라의 예모를 쓰고, 음악은 [순 임금과 무왕의 음악인] 소와 무를 쓰면 된다. 하지만 정나라의 음악은 버리고 간사한 사람은 멀리해야 한다. 정나라의 음악은 음란하고 간사한 사람은 위험하기 때문이다."

공자가 말했다. "사람이 멀리 내다보지 못하면 반드시 눈앞에 근심이 생기게 마련이다."

공자가 말했다. "관두자! 나는 지금껏 덕을 좋아하기를 색色[127]을 좋아하듯 하는 사람을 보지 못했다."

공자가 말했다. "장문중은 자리를 훔친 사람이다. 유하혜柳下惠가 현명한 줄 알면서도 그를 등용하지 않고, 함께 조정에 나서지 않았다."

공자가 말했다. "자기 자신을 많이 책망하고 남을 적게 탓한다면 원망이 멀리 있을 것이다."

공자가 말했다. "살면서 '어찌할까, 어찌할까' 하고 고민하지 않는 사람은 나도 어찌해야 할지 모르겠다."

공자가 말했다. "여러 사람과 하루 종일 함께 어울리면서
도 경우에 맞는 말은 하지 않고 잔머리 굴리는 것이나 좋아
하는 사람은 잘되기 어려운 사람이다."

공자가 말했다. "군자는 의를 기본으로 하고, 예에 맞게 행
동하며, 공손하게 말하고, 믿음직함으로 끝맺음을 한다. 그
러면 군자라 할 수 있다."

공자가 말했다. "군자는 자신의 능력 없음을 병으로 여겨
괴로워할 뿐, 남이 나를 알아주지 않는 것을 괴로워하지는
않는다."

공자가 말했다. "군자는 죽을 때까지 자신의 이름이 나지
않는 것을 괴롭게 생각할 뿐이다."

공자가 말했다. "군자는 책임을 자신에게서 찾고, 소인은
남에게서 찾는다."

공자가 말했다. "군자는 긍지를 갖고 있기는 하지만 다투
지는 않는다. 무리와 어울리기는 하지만 패거리를 짓지는 않
는다."

공자가 말했다. "군자는 말만으로 사람을 뽑아 쓰지 않는
다. 그리고 사람 때문에 [쓸 만한] 말까지 버리지 않는다."

자공이 물었다. "평생 동안 행할 만한 한마디가 있을까
요?" 공자가 대답했다. "그건 용서다. 자기가 하고 싶지 않은
것은 남에게도 시키지 않는 것이지."

공자가 말했다. "내가 사람을 대하는 데 있어서 누구를 헐뜯고 누구를 칭찬하겠는가. 만일 칭찬하는 사람이 있다면 그 사람을 이미 겪어보았기 때문일 것이다. 이것은 [노나라] 백성들이 지난날 삼대[하, 은, 주] 때 벌써 옳다고 생각하고 실천했던 일이다."

공자가 말했다. "나는 [옛날에는] 역사를 기록할 때 미심쩍은 부분이 있으면 비워두었다는 사실을 알고 있다. 말을 가진 사람이 [자가용인] 수레를 빌려주었던 것도 기억한다. 그러나 [이런 미풍양속은] 지금은 다 없어졌다."

공자가 말했다. "진실성 없이 말을 꾸미면 덕을 상하게 되고, 작은 일을 참지 못하면 큰 일을 그르칠 수 있다."

공자가 말했다. "사람들이 다 싫다고 해도 반드시 살펴봐야 하고, 사람들이 다 좋다고 해도 또한 반드시 살펴봐야 한다."

공자가 말했다. "사람이 도를 넓히는 것이지 도가 사람을 넓히는 것이 아니다."

공자가 말했다. "잘못하고서도 고치지 않는 것, 그것이 바로 잘못이다."

공자가 말했다. "내가 일찍이 하루 종일 먹지도 않고 밤새도록 자지도 않으며 생각을 해봤지만 아무런 보탬이 없었다. 그것은 배우는 것만 못하다."

공자가 말했다. "군자는 도를 추구하는 데 애쓰지 먹는 문제에 애쓰지 않는다. 농사를 지어도 굶주림이 있고, 배우면 [관직에 나가] 급료[祿]를 받을 수 있겠지만 군자는 도를 걱정하지 가난을 걱정하지 않는다."

공자가 말했다. "앎이 경지에 이르더라도 그것을 인으로 지키지 못한다면 비록 얻었다고 하더라도 틀림없이 잃게 될 것이다. 앎이 경지에 이르고 인으로 그것을 지킨다고 해도 엄정한 자세로 처리하지 못한다면 백성들이 마음으로부터 따르지 않을 것이다. 앎이 경지에 이르고, 그것을 인으로 지키며, 엄정한 자세로 처리한다고 해도 도리에 맞지 않게 백성을 동원한다면 잘한다고 할 수 없다."

공자가 말했다. "군자는 [실용적인] 작은 지식은 없지만 큰 일은 맡을 수 있다. 소인은 큰 일은 맡을 수 없어도 [실용적인] 작은 지식은 가지고 있다."

공자가 말했다. "백성들에게 인은 물이나 불보다 더 중요하다. 나는 물과 불 때문에 죽는 사람은 봤지만 인 때문에 죽는 사람은 아직 보지 못했다."

공자가 말했다. "인에 관한 한 스승에게도 양보가 없다."

공자가 말했다. "군자는 약속을 굳게 지켜야 하지만 사소한 약속에 구애받아서는 안 된다."

공자가 말했다. "임금 섬기는 데 있어서 진지하게 일하는 것이 먼저이고, 생활 문제는 그 뒤이다."

공자가 말했다. "가르침에는 차별이 있을 수 없다."

공자가 말했다. "도가 같지 않으면 함께 일을 구상하지 않는다."

공자가 말했다. "말이란 그 뜻을 전달하면 그뿐이다."

장님 악사인 면(冕)이 공자를 찾아왔다. 그가 섬돌에 이르자 공자가 말했다. "섬돌입니다." 자리에 이르자 공자가 말했다. "자리입니다." 다들 자리에 앉자 공자가 일러주었다. "누구는 여기에 앉아 있고 누구는 저기에 앉아 있습니다." 악사 면이 나갔다. 자장이 물었다. "그것이 [장님] 악사와 말하는 방식입니까?" 공자가 대답했다. "그렇다. 그것이 정녕 악사를 돕는 방법이다."

제16장

계씨季氏

계씨가 전유顓臾 땅을 공격하려 했다. 염유와 자로가 공자를 만나 말했다. "계씨가 곧 전유에서 일을 내려고 합니다." 공자가 말했다. "염유야, 그것은 너의 잘못이 아니냐? 전유는 옛 선왕들이 동몽산 제사를 주관했던 곳이고, 또한 나라 영토의 중심에 위치하고 있다. 사직의 신하[속국]인 그곳을 어떻게 공격하겠다는 것이냐?" 염유가 말했다. "계씨가 하려는 것이지 저희 둘이 바라는 것이 아닙니다." 공자가 말했다. "염유! 주임周任이 이런 말을 했다. '[공직이란] 힘을 다할 수 있으면 일을 맡지만 그럴 수 없다면 그만두는 것이다'라고. 나라가 위태로운데도 잡아주지 않고, 흔들리는데도 붙들어주지 않는다면 그런 공직자가 무슨 필요 있겠는가. 그리고 네 말도 잘못되었다. 호랑이와 코뿔소가 울타리에서 튀어나오고 거북 껍데기와 옥구슬이 궤 속에서 깨진다면 그건 누구의 잘못일까?" 염유가 말했다. "지금 전유는 [성곽도] 견고하고 [계씨의 본거지인] 비 땅과도 가깝습니다. 바로 취하지 않으면 훗날 반드시 후손들에게 걱정거리가 될 것입니다." 공자가 말했다. "염유야! 군자는 [솔직하게] 욕심이 난다고 말하지 않고 다른 구실을 주워섬기는 것을 싫어한다. 내 듣기로 큰 나라[國]든 작은 나라[家]든 나라를 다스리는 사람은 부족한 것을 걱정하는 게 아니라 골고루 분배되지 않는 것을 걱정하며, 가난한 것을 걱정하는 게 아니라 안정되지 못한 것을 걱정한다고 했다. 대체로 분배가 균등하면 가난한 줄 모르게 되고, 화합하면 부족한 것을 의식하지 않게 되고, 안정되면 나라 전체가 기우는 일이 없게 될 것이다. 이렇게 해도 먼 곳에 있는 사람들이 복종하지 않는다면 문과 덕으로 닦아서 오게 하고, 이미 왔다면 안정되게 해주어야 한다. 그런데 지금 자로와 염유 너희 두 사람이 계씨를 돕는다면서 하는 일은 먼 곳에 있는 사람이 복종하지도 못하게 하고, 올 수도 없게 만드는 것이다. 나라가 나뉘고 무너져 지리멸렬한데도 지키지 못하면서 나라 안에서 군대를 동원하려 꾀를 내고 있다니! 나는 계씨의 걱정이 전유에 있지 않고 오히려 [너희 같은 부하들이 있는] 조직 내부에 있다고 생각한다."

공자가 말했다. "천하에 도가 있으면 예악과 정벌征伐이 천자에게서 나오고, 천하에 도가 없으면 예악과 정벌이 제후에게서 나온다. [예악과 정벌이] 제후에게서 나오게 되면 대개 열 세대 안에 나라를 잃지 않는 경우가 드물고, [더 내려와 예악과 정벌이] 대부에게서 나오게 되면 다섯 세대 안에 나라를 잃지 않는 경우가 드물며, [다시 더 내려와] 대부의 가신이 정권을 장악하게 되면 세 세대 안에 나라를 잃지 않는 경우가 드물다. 천하에 도가 있으면 정치가 대부들의 손에 있을 리 없고, 천하에 도가 있으면 일반 백성들이 정치에 대해 이러쿵저러쿵 의견을 낼 일이 없다."

공자가 말했다. "나라의 재정이 정통 군주의 손을 떠난 지가 다섯 세대나 되었고, 정치가 대부들 수중에 들어간 지도 네 세대나 되었다. 그러니 [지금의 실력자 맹손, 숙손, 계손이 모두 망할 때가 다 되어서] 환공의 자손들은 미약한 것이다."

공자가 말했다. "도움이 되는 벗이 셋 있고 해를 주는 벗이 셋 있다. 정직한 벗, 믿음직한 벗, 견문이 넓은 벗과 사귀면 도움이 된다. 한쪽에 치우친 벗, 아첨 잘하는 벗, 말을 망령되게 하는 벗과 사귀면 해를 당하게 된다."

공자가 말했다. "도움이 되는 즐김[樂]이 셋 있고 해가 되는 즐김이 셋 있다. 절제된 예악을 즐기고, 남의 장점 말하기를 즐기며, 좋은 벗을 많이 사귀기를 즐기면 도움이 된다. 지나친 쾌락을 즐기고, 빈둥거리고 노는 것을 즐기며, 허구한 날 질탕하게 먹고 마시는 것을 즐기면 해가 된다."

공자가 말했다. "윗사람을 모실 때 [조심해야 할] 세 가지가 있다. 말할 때가 아닌데 서둘러 말하는 것을 조급함이라고 하고, 말을 해야 할 때 오히려 말하지 않는 것을 숨김이라고 하며, 윗사람의 안색을 살피지 않고 경솔하게 말하는 것을 장님이라고 한다."

공자가 말했다. "군자가 경계해야 하는 것이 세 가지 있다. 젊어서는 혈기가 안정되어 있지 않으니 여색을 경계해야 하고, 장년이 되어서는 혈기가 왕성하니 싸움을 경계해야 하며, 늙어서는 혈기가 이미 쇠했으니 욕심을 경계해야 한다."

공자가 말했다. "군자에게는 세 가지 두려움이 있다. 군자는 천명을 두려워하고, 대인을 두려워하며, 성인의 말씀을 두려워한다. 소인은 천명을 알지 못하기 때문에 두려워하지 않고, 대인을 깔보며, 성인의 말씀을 업신여긴다."

공자가 말했다. "태어나면서부터 아는 사람이 으뜸이고, 배워서 아는 사람이 그 다음이며, 어려움을 겪으면서 배우는 사람이 그 다음이다. 어려움을 겪으면서도 배우지 못하는 사람이 가장 못난 사람이다."

공자가 말했다. "군자에게는 아홉 가지 생각이 있다. 볼 때는 바로 본 것인지를 생각하고, 들을 때는 똑똑히 들었는지를 생각하고, 얼굴 표정이 온화한지를 생각하고, 태도가 공손한지를 생각하고, 말을 충심으로 하는 것인지를 생각하고, 일할 때는 진지한지를 생각하고, 의혹이 생기면 어떻게 물을지를 생각하고, 분할 때는 화를 내고 난 다음의 어려움을 생각하고, 이해 관계에 부딪히면 정당한지를 생각한다."

공자가 말했다. "선한 것을 보면 마치 닿지 않는 것처럼 하고[애써 실천하려 하고], 선하지 않은 것을 보면 마치 끓는 물에 닿은 것처럼 하는[힘써 피하는] 그런 사람을 나는 만나 본 적도 있고 들어본 적도 있다. 그러나 세상을 떠나 숨어 살면서 뜻을 지키고자 하고, 의에 따라 행하면서 도를 관철시키고자 하는 사람은 들어보았으나 직접 보지는 못했다."

제나라 경공은 마차를 천 대나 가졌어도 그가 죽던 날 백성들이 그에 대해 덕 있다고 얘기하지 않았다. 백이와 숙제는 수양산 아래에서 굶어 죽었지만 백성들은 지금까지도 그들을 칭송하고 있다. 이것이 바로 그 뜻이 아닐까?

진항이 [공자의 아들인] 백어伯魚에게 물었다. "당신은 [선생님과 같이 있으니] 남달리 따로 들은 얘기가 있겠지요?" 백어가 대답했다. "없습니다. [아버님께서] 혼자 뜰에 서 계시기에 제가 조심조심 지나간 적이 있습니다. 그런데 '시를 배웠느냐'고 물으시더군요. '아직 아닙니다'라고 대답했더니 '시를 안 배웠으면 할 말이 없다'고 하시더군요. 저는 물러나 시를 배웠습니다. 다른 날, 또 혼자 서 계시기에 제가 조심조심 지나갔습니다. 아버님께서 '예를 배웠느냐'고 물으시기에 '아직 아닙니다'라고 대답했습니다. 하시는 말씀이 '예를 배우지 않으면 설 수가 없다'고 하시더군요. 저는 물러나 예를 배웠습니다. 단지 이 두 가지를 들었을 뿐입니다." 진항이 물러나 기뻐하며 말했다. "내가 하나를 물어 셋을 얻었다. 시를 들었고, 예를 들었으며, 군자는 자기 자식을 멀리한다는 것을 들었다."

　임금의 아내를 임금은 부인夫人이라 부르고, 부인 스스로
는 어린아이[小童]라고 부른다. 백성들은 임금님 부인[君夫
人]이라고 부르고, 다른 나라 사람들에게 말할 때는 우리 작
은 임금님[寡小君]이라고 부른다. 그리고 다른 나라 사람들은
임금님 부인[君夫人]이라고 부른다.

제17장

양화陽貨

양화陽貨[128]가 공자를 만나고 싶어했다. 공자가 만나주지 않자 [선물로] 삶은 돼지를 보냈다. 공자가 [그를 직접 만나고 싶지 않아] 마침 그가 집에 없는 틈을 타 사례를 하러 가다가 길에서 그와 마주치게 되었다. 양화가 공자에게 말했다. "오시지요. 제가 선생과 하고 싶은 얘기가 있습니다. 몸에 보물을 지니고도 나라를 어지럽게 내버려두는 것을 인이라고 할 수 있습니까?" 공자가 대답이 없자 스스로 대답했다. "그럴 수 없겠지요. 그러면 공직에 나가길 좋아하면서도 번번이 때를 놓치는 것을 지라고 할 수 있습니까?" 공자가 여전히 대답을 하지 않자 스스로 대답했다. "그럴 수 없겠지요. 날과 달은 사라지는 것이고 세월은 붙잡을 수 없는 것입니다." 공자가 말했다. "좋습니다. 저도 앞으로 공직에 나서겠습니다."[129]

공자가 말했다. "사람의 타고난 성정은 비슷한데 생활 환경 때문에 차이가 나는 것이다."

공자가 말했다. "너무 똑똑한 사람[上知]과 너무 모자라는 사람[下愚]은 변화시킬 수 없다."

공자가 [제자인 자유가 다스리는 고을인] 무성武城에 갔다. 비파를 타며 노래하는 소리를 듣고는 공자가 빙그레 웃으며 말했다. "닭 잡는 데 어찌 소 잡는 칼을 쓰겠는가." 자유가 대답했다. "예전에 제가 선생님께 배울 때 이런 말씀을 하셨습니다. '군자가 도를 배우면 사람을 아끼게 되고, 소인이 도를 배우면 말을 잘 듣게 된다.'" 공자가 [따르는 제자들을 향해] 말했다. "이 사람들아, 자유의 말이 맞다. 내가 앞에 한 말은 농담이었다."

공산불요公山弗擾가 비 땅에서 모반을 일으키고는 공자를 불렀다. 공자가 가려고 하자 자로가 기분 나빠하며 말했다. "가지 마십시오. 하필이면 공산 씨에게 가시려는 겁니까?" 공자가 말했다. "나를 부른 사람이 설마 공연히 그러겠느냐? 만일 나를 써주는 사람이 있다면 그의 나라를 동방의 주나라가 되게 해줄 텐데!"

자장이 공자에게 인에 대해 물었다. 공자가 대답했다. "천하에서 다섯 가지를 행할 수 있으면 인이라 할 수 있다." 자장이 그것이 무엇이냐고 물었다. 공자가 대답했다. "공손함[恭], 너그러움[寬], 믿음직함[信], 부지런함[敏], 그리고 베풂[惠]이다. 공손하면 모욕당할 일이 없고, 너그러우면 사람들의 지지를 얻게 되고, 믿음직하면 사람들의 쓰임을 받게 되고, 부지런하면 공을 이루게 되며, 베풀다 보면 사람들을 편하게 부릴 수 있게 된다."

[진나라의 대부인] 필힐佛肸이 공자를 불렀다. 공자가 가려고 했다. 자로가 말했다. "예전에 제가 선생님께 들기로는 '군자는 직접 나쁜 짓을 한 자에게는 의탁하지 않는다'고 하셨습니다. 그런데 필힐은 중모中牟 땅에서 모반했습니다. 선생님께서 가신다고 하니 어찌 된 일입니까?" 공자가 대답했다. "맞다. 내가 그런 말을 한 적이 있다. 하지만 아무리 갈아도 닳지 않는다면 단단하다고 하지 않겠느냐? 아무리 물들여도 검게 되지 않는다면 희다고 하지 않겠느냐? 내가 설마 저 조롱박 같겠느냐? 어찌 그냥 한 곳에만 매달려 따먹지도 못하게 하겠느냐?"

공자가 말했다. "자로야, 너는 육언육폐六言六蔽[여섯 가지 말과 여섯 가지 병폐]라고 들어보았느냐?" 자로가 대답했다. "아직 못 들어봤습니다." 공자가 말했다. "앉아봐라. 내가 말해주마. 인을 좋아하면서도 배우기를 좋아하지 않으면 그 병폐는 어리석음[愚]이다. 지혜[知]를 좋아하면서도 배우기를 좋아하지 않으면 그 병폐는 기초가 흔들려 지켜지지 않음[蕩]이다. 믿음을 좋아하면서도 배우기를 좋아하지 않으면 그 병폐는 [쉽게 속아넘어가] 스스로를 해치게 됨[賊]이다. 정직[直]을 좋아하면서도 배우기를 좋아하지 않으면 그 병폐는 각박해서 남을 아프게 하게 됨[絞]이다. 용기[勇]를 좋

아하면서도 배우기를 좋아하지 않으면 그 병폐는 분란을 일
으켜 화를 자초하게 됨[亂]이다. 강함[剛]을 좋아하면서도 배
우기를 좋아하지 않으면 그 병폐는 절제 없이 함부로 행동하
게 됨[狂]이다."

공자가 [제자들에게] 말했다. "이 사람들아, 어째서 시를
배우지 않는가? 시는 감정을 키워주고, 관찰력을 길러주고,
무리와 잘 어울리게 해주며, 원망이 있어도 도를 넘지 않게
지켜준다. 가깝게는 어버이를 제대로 모시게 해주고, 멀리는
임금을 제대로 섬기게 해준다. 또한 새와 짐승과 풀과 나무
의 이름도 많이 알게 해준다."

공자가 백어에게 말했다. "너는 [《시경》의 처음 부분인]
주남周南과 소남召南을 배웠느냐? 사람이 주남과 소남을 배
우지 않으면 그것은 마치 담을 마주 보고 서 있는 것과 같
다."

공자가 말했다. "'예禮, 예' 하는데 그것이 어찌 그냥 옥이나
비단 같은 예물을 말하는 것이겠느냐. '악樂, 악' 하는데 그것
이 어찌 그냥 종이나 북 같은 악기만을 말하는 것이겠느냐."

공자가 말했다. "겉으로는 위엄 있어 보이지만 안으로는
겁 많고 약한 것을 소인에 비유하자면 벽을 뚫고 담을 넘는
좀도둑 같다고 할 수 있다."

공자가 말했다. "겉으로는 점잖은 체하지만 안으로는 딴
짓을 하는[鄕原] 사람은 덕을 망치는 자이다."

공자가 말했다. "길에서 떠도는 말을 주워듣고 생각 없이 여기저기에 말하는 것[道聽塗說]은 덕을 버리는 짓이다."

공자가 말했다. "비열한 사람과 함께 임금을 섬길 수 있을까? 그런 사람은 벼슬을 얻기 전에는 어떻게 얻을까를 걱정하고, 얻고 나서는 잃으면 어떡할까를 걱정한다. 그리고 정말 잃을까를 걱정하면 못 하는 짓이 없다."

공자가 말했다. "옛날에는 백성들에게 세 가지 문제가 있었는데 요즈음은 다 없어진 듯하다. 예전에는 미쳤다 하면 거침없이 제멋대로 굴기는 해도 뜻이 있었는데, 요즈음은 미쳤다 하면 그냥 방탕하기만 하다. 예전에는 자긍심이 있다[矜]고 하면 모나기는 해도 반듯한 구석이 있었는데, 요즈음은 자긍심이 있다고 하면 사납고 요란하기만 하다. 예전에는 어리석다고 하면 그래도 솔직하기는 했는데 요즈음은 어리석다고 하면 오히려 속이려 수작을 부릴 뿐이다."

공자가 말했다. "말을 번지르르하게 하고 표정을 잘 꾸미는 사람 중에 사람다운 사람은 드물다."

공자가 말했다. "자주색이 붉은색 자리를 빼앗게 된 것을 미워하고, [음란한 음악인] 정나라의 음악이 우아한 음악을 어지럽히는 것을 미워하며, 교묘한 말재주가 나라를 뒤엎는 것을 미워한다."

공자가 말했다. "나는 말하고 싶지 않다." 자공이 물었다. "선생님께서 말씀을 하지 않으시면 저희는 무엇을 전합니까?" 공자가 대답했다. "하늘이 무슨 말을 하더냐? 네 계절이 돌아가고 만물이 생장生長해도 하늘이 뭐라고 하더냐?"130

[예전에 제자였던] 유비孺悲가 공자를 만나고 싶어했다. 공자는 [뜻을 달리한 제자를 보고 싶지 않아] 병을 핑계로 거절했다. 말을 전하러 온 사람이 문을 나가자, 공자는 비파를 타며 노래로 유비에게 [자신의 뜻을] 들려주었다.

재아가 물었다. "삼년상은 너무 깁니다. 일년상만 해도 길다고 생각합니다. 군자가 삼 년이나 예를 익히지 않으면 예가 틀림없이 무너질 것입니다. 또 삼 년 동안이나 악을 익히지 않으면 악이 틀림없이 무너질 것입니다. [일 년이면] 묵은 곡식은 다 먹어 없어지고 새 곡식이 나옵니다. 불 피우는 나무도 철에 따라 바꿔 씁니다. 그런 뜻에서 일년상이면 충분하다고 봅니다." 공자가 말했다. "너는 [어버이가 돌아가셨는데도] 쌀밥 먹고 비단 옷 걸치는 것이 편안하겠느냐?" 재아가 대답했다. "편안합니다." 공자가 말했다. "네가 편안하다면 그렇게 해라. 하지만 군자는 상을 치르는 중에는 맛있는 것을 먹어도 달지 않고, 음악을 들어도 즐겁지 않으며, 집에 있어도 편하지 않기 때문에 그렇게 하지 않는 것이다. 너는 지금 편안하다고 하니 그렇다면 그리 해라." 재아가 나가자 공자가 말했다. "재아는 정말 사람답지 못하구나. 자식은 태어난 지 삼 년이 되어야 어버이의 품을 벗어날 수 있다. 이른바 삼년상이란 세상 사람들이 다 그렇게 하는, 사람의 기본이다. 재아도 삼 년 동안 어버이의 아낌을 받았을 터인데."

공자가 말했다. "배불리 먹고서 하루 종일 마음 쓰는 데가 없다면 곤란하다. 주사위 던지기[131]나 바둑이라도 있지 않은가? 그런 놀이라도 하는 것이 빈둥거리는 것보다 낫다."

자로가 물었다. "군자는 용기를 숭상합니까?" 공자가 대답했다. "군자는 의로움을 가장 숭상한다. 군자가 그저 용기만 있고 의로움이 없으면 반란자가 되고, 소인이 그저 용기만 있고 의로움이 없으면 도둑이 된다."

자공이 말했다. "군자도 미워하는 것이 있습니까?" 공자가 대답했다. "미워하는 것이 있다. 다른 사람의 잘못을 퍼뜨리는 것을 미워하고, 아랫사람으로서 윗사람을 비방하는 것을 미워하고, 용감하지만 무례한 것을 미워하며, 과감하지만 답답하게 고집만 피우는 것을 미워한다." 공자가 물었다. "자공, 네가 미워하는 것도 있느냐?" 자공이 대답했다. "저는 남의 것을 빌려 자기 것처럼 하는 것을 미워하고, 불손함을 용기라고 생각하는 것을 미워합니다. 그리고 남의 잘못을 들추어내는 것을 정직이라고 생각하는 것을 미워합니다."

공자가 말했다. "오직 여자와 소인이 함께 지내기 어려운 상대다. 그들은 가까이하면 덤비고 멀리하면 원망한다."

공자가 말했다. "나이가 마흔이 되어서도 남에게 미움을 받으면 그 인생은 끝이다."

제18장

미자微子

[은나라 주왕 때의 인물들로서] 미자微子는 나라를 떠나버렸고, 기자箕子는 노예가 되었으며, 비간比干은 간하다 죽었다. 공자가 말했다. "은나라에 세 사람의 인자가 있었다."

　　유하혜가 재판관이 되었으나 세 번이나 쫓겨났다. 사람들이 말했다. "그대는 [이 나라를] 떠날 수 없는 것이오?" 유하혜가 대답했다. "반듯하게 도를 지켜 사람을 섬기면 어디에 간들 세 번 쫓겨나지 않겠습니까. 뜻을 굽혀 원칙 없이 사람을 섬기면 굳이 어버이의 나라를 떠날 필요가 있겠습니까."

　　제나라 경공이 공자를 대우하는 문제에 대해 말했다. "나는 계씨를 대우하는 정도까지는 못하겠고, 계씨와 맹씨의 중간 정도로는 대우할 수 있습니다." 경공이 나중에 다시 말했다. "내가 늙고 힘없어서 그대를 등용하지 못하겠습니다." 그러자 공자가 제나라를 떠났다.

　　제나라가 가수와 무희를 [노나라에] 선물로 보냈다. 계환자季桓子가 이를 받고서 [노느라고] 사흘이나 나라 일을 보지 않았다. 그러자 공자가 관직을 떠났다.

　초나라의 광인狂人132 접여接輿가 노래를 부르며 공자의 수
레 앞을 지나갔다. "봉황이여 봉황이여! 어찌 그리 불운한
가. 지나간 것은 따질 수 없지만 올 것은 따라잡을 수 있겠지.
[아니야] 관둬, 관둬! 요즈음은 정치인들이 다 위태롭다." 공
자가 수레에서 내려 그와 이야기를 나누려 했지만 그가 재빨
리 피해버려 그러지 못했다.

　[누항에 묻혀 살고 있는 도사들인] 장저長沮와 걸닉桀溺이
가래로 밭을 갈고 있었다. 공자가 지나가다가 자로를 시켜
나루터가 어디인지 묻게 했다. 장저가 물었다. "저기 수레 고
삐를 잡고 있는 사람이 누구시오?" 자로가 대답했다. "공구
이십니다." 장저가 다시 물었다. "노나라의 그 공구 말씀이시
오?" 자로가 대답했다. "예." 장저가 말했다. "그 사람이라면
나루터를 벌써 알고 있을 겁니다." [이번에는] 자로가 걸닉
에게 [나루터가 어디인지] 물었다. 걸닉이 되물었다. "그대
는 뉘시오?" 자로가 대답했다. "저는 중유입니다." 걸닉이 말
했다. "노나라 공구의 제자이시오?" 자로가 대답했다. "예, 그
렇습니다." 걸닉이 말했다. "세상은 온통 물난리가 난 듯 어
지러운데 누가 어지러운 세상을 바꿀 수 있겠소? 그러니 그
대는 사람을 피해 다니는 사람[공자]을 따라다니는 것보다
차라리 세상을 피해 다니는 사람[장저와 걸닉]을 따르는 것
이 더 낫지 않겠소?" 이렇게 말하고는 뿌린 씨앗을 흙으로

덮으며 밭일을 계속했다. 자로가 돌아와서 공자에게 알렸다. 낙심한 공자가 망연자실하여 말했다. "사람은 새나 짐승과는 무리 지어 함께 살 수 없다. 내가 이런 사람들과 함께하지 않고 누구와 함께하겠느냐? 천하에 도가 있다면 내가 그들과 함께 세상을 바꾸려고 하지도 않았을 것이다."

　자로가 공자를 따르다가 뒤에 처졌는데, 지팡이를 짚고 삼 태기를 멘 노인을 만났다. 자로가 물었다. "노인장, 혹시 저희 선생님을 보셨는지요?" 노인이 말했다. "팔다리도 움직이지 않고 오곡도 분별하지 못하는 사람이 무슨 선생님이오?" 그 러고는 지팡이를 꽂아놓고 김을 매었다. 자로가 공손히 손을 모은 자세로 서 있었다. 노인은 자로를 집에 데려가 묵게 했 다. 닭을 잡고 기장밥을 해서 자로를 먹이고는 두 아들을 인 사시켰다. 다음날 자로가 공자에게 가서 이 일을 알렸다. 공 자가 말했다. "은자隱者시구나." 공자는 자로를 보내, 다시 그 들을 만나보게 했다. 자로가 가보니 그들은 떠나고 없었다. 자로가 말했다. "출사하지 않는 것은 의가 아니다. 장유長幼 간의 구분도 폐할 수 없는데 군신간의 의를 어떻게 폐할 수 있겠는가. [출사하지 않는 것은] 제 몸 하나 깨끗하게 하기 위해 군신간의 큰 도리를 어지럽히는 일이다. 군자가 출사하 는 것은 그 의를 행하기 위한 것이다. 세상에 도가 없음은 진 작에 알고 있던 사실 아닌가."

　은둔한 사람[逸民]으로는 백이와 숙제, 우중虞仲,[133] 이일夷

逸, 주장朱張, 유하혜, 소련少連134 등이 있다. 공자가 말했다. "뜻을 꺾지 않고 몸을 욕되게 하지 않은 사람은 백이와 숙제다." 그리고 유하혜와 소련에 대해서 말했다. "이 사람들은 뜻이 꺾이고 몸은 욕을 당했지만, 말은 경우에 맞았고 행동에는 생각이 있었다." 우중과 이일에 대해서도 말했다. "이 사람들은 세상을 피해 숨어 살며 하고 싶은 말을 마음대로 했지만, 행실은 아주 맑았고 스스로 맺고 끊는 것도 도리에 맞았다. 그런데 나는 이들과 다르다. 나는 그럴 것도 없고 그러지 못할 것도 없다."

태사[악단장 벼슬] 지摯는 제나라로 갔고, 두 번째 식사 때의 악사인 간干은 초나라로 갔고, 세 번째 식사 때의 악사인 요繚는 채나라로 갔고, 네 번째 식사 때의 악사인 결缺은 진나라로 갔다. 북 치던 숙叔은 하河에 들어가 살고, 작은북 치던 무武는 한漢 지역으로 갔으며, 악사 조수 노릇을 하던 양陽과 경쇠 치던 양襄은 바닷가로 가서 살게 되었다.135

주공이 [아들인] 노공魯公에게 말했다. "군자는 친족에게 소홀해서는 안 된다. 대신大臣들이 쓰이지 않는다고 원망하게 해서도 안 된다. 오랜 벗은 큰 잘못이 없는 한 버려서는 안 된다. 한 사람이 모든 것을 갖추기를 바라서도 안 된다."

주나라에 여덟 명의 선비가 있었다. 그들은 백달伯達, 백괄伯适, 중돌仲突, 중홀仲忽, 숙야叔夜, 숙하叔夏, 계수季隋, 계와季다.136

제19장

자장子張

자장이 말했다. "선비는 위험을 보면 목숨을 내놓고, 이해 관계를 보면 정당한지를 생각한다. 제사는 진지하게 지내고, 상을 당해서는 슬픈 마음을 가져야 한다. 그러면 된다."

　자장이 말했다. "덕에 대한 집념이 굳세지 못하고, 도에 대한 믿음이 두텁지 못하다면 이런 사람은 있어도 그만, 없어도 그만이다."

　자하의 제자가 자장에게 사람 사귀는 문제에 대해 물었다. 자장이 말했다. "[그대의 스승인] 자하께서는 뭐라고 하시던가?" 자하의 제자가 대답했다. "사귈 만한 사람과는 사귀고, 사귀지 못할 사람은 거절하라고 하셨습니다." 자장이 말했다. "내가 들은 것과는 다르다. 군자는 현명한 사람을 존경하지만 평범한 사람도 받아들인다. 또 좋은 사람을 격려해주지만 모자라는 사람을 불쌍하게 생각하기도 한다. 만약 내가 지극히 현명하다면 사람들이 나를 받아들이지 않을 리 있겠는가? 만약 내가 현명하지 못하다면 사람들이 나를 거절할 것이니 내가 다른 사람을 거절할 기회나 있겠는가?"

자하가 말했다. "비록 작은 기예[小道]라 하더라도 반드시 볼 만한 데가 있다. 그런데도 군자가 하지 않는 것은 그것이 원대한 구상을 저해할까 염려하기 때문이다."

자하가 말했다. "날마다 몰랐던 것을 배우고, 달마다 이미 잘하는 것을 잊지 않는다면 배움을 좋아한다고 말할 수 있다."

자하가 말했다. "널리 배우고 뜻을 돈독히 하며, 간절하게 묻고 절실하게 생각하면 그 가운데 인이 있다."

자하가 말했다. "일꾼들은 작업장에서 일을 이루고, 군자는 배워서 도에 이른다."

자하가 말했다. "소인은 잘못이 있으면 틀림없이 꾸며서 덮으려고 한다."

자하가 말했다. "군자는 세 번 변한다. 멀리서 바라보면 의 젓하고, 가까이에서 보면 따뜻하며, 하는 말을 들으면 준엄하다."

자하가 말했다. "군자는 신임을 얻은 다음에 백성을 부려야 한다. 신임을 얻지 않고 백성을 부리면 백성들은 혹사당한다고 생각한다. 군자는 신임을 얻은 다음에야 [군주에게] 간언할 수 있다. 신임을 얻지 못한 채 간언하면 군주는 그가 자기를 비방한다고 생각한다."

자하가 말했다. "큰 덕은 한계를 넘으면 안 되지만, 작은 덕은 [느슨하게] 들고나도 괜찮다."

　자유가 말했다. "자하의 제자들은 물 뿌리고 청소하고 손님 접대하고 어른 앞에서 들고나는 등의 사소한 예절은 괜찮게 지키는데 이것은 기본 중의 기본이다. 정작 근본 문제는 모르니 이를 어찌해야 하나?" 자하가 이를 듣고 말했다. "자유가 잘못했네. 군자의 도를, 어느 것이 먼저라 하며 가르치고 어느 것이 나중이라 하며 게을리 하겠는가? 도에도 풀이나 나무처럼 종류의 구분이 있기는 하지만 그렇다고 군자의 도를 어찌 왜곡시킬 수 있겠는가? 처음부터 끝까지 다 갖춘 사람은 오직 성인밖에 없을 것이네."

　자하가 말했다. "벼슬하면서 남는 힘이 있으면 배우고, 배우면서 남는 힘이 있으면 벼슬하는 것이다."

　자유가 말했다. "상은 슬픔을 충분히 표현했으면 그것으로 그쳐야 한다."

　자유가 말했다. "내 친구 자장은 대단한 능력을 가졌지만 아직 인에 이르지는 못했다."

　증자가 말했다. "자장은 정말 당당하다! 그러나 함께 인을 행하기는 어렵다."

　증자가 말했다. "내가 선생님께 들은 말이다. '사람이 스스로 감정을 다 드러내기는 어렵지만, 어버이가 돌아가셨을 때는 반드시 그렇게 한다.'"

　증자가 말했다. "내가 선생님께 들은 말이다. '[노나라의 대부] 맹장자孟莊子의 효 가운데 다른 것은 행하기 쉽다. 하지만 아버지 代대의 신하를 그대로 두고 아버지 대의 정책을 바꾸지 않는 것은 행하기 어렵다.'"

맹씨가 [증자의 제자] 양부陽膚를 재판관으로 임명하자 양부가 증자에게 [어떤 자세로 일해야 할는지] 물었다. 증자가 대답했다. "윗사람들이 도를 잃어 백성들의 마음이 흩어진지 이미 오래다. 그러니 [재판하면서] 죄인들의 진상을 알게 되면 슬퍼하고 가련하게 생각해야지 [한 건 하게 되었다고] 즐거워해서는 안 될 것이다."

자공이 말했다. "은나라 주왕[은나라의 마지막 임금, 폭군]의 선하지 않음이 전해지는 것만큼 그렇게 심하지는 않았을 것이다. 그래서 군자는 아랫동네 하류에 사는 것을 싫어하는 것이다. 천하의 온갖 나쁜 것이 다 거기에 모여들기 때문이다."

자공이 말했다. "군자의 잘못은 [누구나 다 볼 수 있는] 일식이나 월식과 같다. 군자가 잘못을 저지르면 사람들이 모두 본다. 그리고 이를 고치면 사람들이 다 우러러본다."

위나라 대부 공손조公孫朝가 자공에게 물었다. "공자께서는 어디에서 배운 겁니까?" 자공이 대답했다. "주나라 문왕과 무왕의 도가 아직 땅에 떨어지지 않고 사람들에게 남아 있습니다. 현명한 사람은 그 큰 뜻을 알고 있고 현명하지 못한 사람은 그 작은 것이라도 알고 있으니 문왕과 무왕의 도가 없는 곳이 없지요. 그러니 선생님께서 어디에선들 배우지 않았겠으며, 또한 어디 특별히 정해진 스승이 있었겠습니까?"

[노나라 대부] 숙손무숙叔孫武叔이 조정에서 대부들에게 말했다. "자공이 [스승인] 공자보다 더 현명합니다." 자복경백이 자공에게 이 사실을 알려주었다. 자공이 말했다. "궁궐의 담을 비유 삼아 말해봅시다. 저의 담은 어깨 높이 정도여서 누구든 집안의 좋은 것을 엿볼 수 있습니다. 선생님의 담은 몇 길이나 되어 대문을 통해 들어가지 않으면 [궁궐 안에 있는] 종묘의 아름다움이나 여러 건물의 번듯함을 볼 수 없습니다. 그 문으로 들어가본 사람이 드물 것이니 숙손무숙 그분이 그렇게 말하는 것도 당연하다고 할 수 있겠지요."

숙손무숙이 공자를 비방하자 자공이 말했다. "그러지 마십시오. 공자는 비방할 수 있는 사람이 아닙니다. 다른 사람의 현명함은 언덕과 같아서 넘어갈 수 있지만, 공자는 해나 달과 같아서 넘어갈 수가 없습니다. 설령 사람이 해와 달을 끊으려 한들 어찌 해와 달에 손상을 입힐 수 있겠습니까? 그저 스스로 제 분수를 헤아리지 못함을 드러낼 뿐이지요."

진자금陳子禽이 자공에게 말했다. "당신은 겸양하겠지만, 공자가 어디 당신만큼 현명하겠습니까?" 자공이 말했다. "군자는 말 한마디로써 아는지 모르는지가 드러나게 되니 말을 신중하게 하지 않을 수 없습니다. 내가 선생님께 미치지 못함은 하늘을 사다리 타고 오르지 못하는 것과 같습니다. 선생님께서 나라를 얻으셨더라면, 이른바 '세우려 하면 백성들이 스스로 서고, 이끌어주면 백성들이 스스로 이끌려 오고, 위로해주면 백성들이 스스로 몰려오고, 동원하면 백성들이 스스로 협력하게 될 것'이란 말대로 되었을 겁니다. 그분은 살아 계실 때는 영예로웠고 돌아가시자 모두 슬퍼했지요. 어떻게 그 경지에 이를 수 있겠습니까?"

제20장

요 왈堯曰

요 임금이 말했다. "여봐라 순舜! 하늘의 뜻이 그대 몸에 있다. 성실하게 자신의 책무를 다해야 할 것이다. 만일 천하가 고통스럽고 가난해진다면 하늘이 그대에게 준 봉록은 영원히 끊어져버릴 것이다." 순 임금도 우 임금에게 [왕위를 물려줄 때] 이 말을 전했다. 탕 임금이 말했다. "별 볼일 없는 저 리履는 검은 수소를 잡아 감히 거룩한 천제께 분명히 아룁니다. 저는 죄 있는 사람을 결코 용서하지 않을 것입니다. 또 당신의 신하라고 덮어주지도 않겠습니다. 오직 당신의 뜻대로 하십시오. 만약 제게 죄가 있다면 그건 세상 사람들 탓이 아닙니다. 그리고 만약 천하 만방에 죄가 있다면 그건 제 탓입니다." 주나라에 큰 선물이 있어 선한 사람들은 모두 부유하게 지냈다. "내 비록 아주 가까운 친척이 있지만 어진 사람이 있는 것만 못하다. 백성들에게 잘못이 있다면 그건 나 혼자만의 책임이다"[《서경》〈주서周書〉, '태서泰誓'에 나오는 구절]. 주나라가 도량형을 엄격히 시행하고, 법도를 분명히 지키고, 없애버렸던 관직을 회복하니 천하의 정치가 제대로 돌아가게 되었다. 망한 나라를 부흥시키고, 끊어진 세대를 이어주며, 숨어 사는 인재들을 뽑아 쓰니 천하 백성들의 마음이 하나로 모였다. 중요하게 생각한 것은 백성, 식량, 상 , 제사였다. 너그러우면 무리의 지지를 얻을 수 있고, 믿음직하면 백성들이 일을 맡긴다. 부지런하면 공을 이룰 수 있고, 공정하면 백성들이 기뻐한다.

자장이 공자에게 물었다. "어떻게 하면 정치를 한다고 할 수 있습니까?" 공자가 대답했다. "다섯 가지의 미덕을 귀하게 여기고 네 가지의 악덕을 내버리면 정치를 한다고 말할 수 있을 것이다." 자장이 물었다. "다섯 가지의 미덕이란 무엇인가요?" 공자가 대답했다. "군자는 베풀되 낭비하지 않고, 백성에게 일을 시키되 원망을 살 정도로 심하게 시키지 않고, 원하는 마음을 갖되 욕심 내지 않고, 태연하되 교만하지 않으며, 위엄이 있되 사납지 않은 것이다." 자장이 물었다. "베풀되 낭비하지 않는다는 게 무슨 말씀인지요?" 공자가 대답했다. "백성들에게 이익이 되는 것으로 이롭게 해주면, 그것이 곧 베풀되 낭비하지 않는 것이 아니겠는가? 또한 백성들에게 일을 시킬 때 때와 장소를 잘 가려서 시킨다면 누가 원망을 하겠는가? 인을 이루고 싶어 인을 얻었다면 누가 그것을 보고 탐욕을 부린다고 하겠는가? 군자는 많고 적음이 없고, 크고 작음이 없으며, 서둘러 하고 더디게 하는 것이 없으니 이 또한 태연하되 교만하지 않은 것이 아니겠는가? 군자가 의관을 정제하고 한눈 팔지 않으며 자연스레 의젓하게 있으면 사람들이 이를 바라보고 어려워한다. 이것이 또한 위엄 있되 사납지 않은 것이 아니겠는가?" 자장이 물었다. "네 가지의 악덕이란 무엇입니까?" 공자가 대답했다. "가르치지도 않고 죽이는 잔혹과, 훈계도 안 하면서 빨리 일이 되도록 성화를 부리는 포악과, 처음에는 느슨하게 하다가 나중에는 기한이 다 되었다고 재촉하는 도적과, 결국 줘야 할 것인데 인색하게 구는 옹졸이다."

공자가 말했다. "천명(본분)을 모르면 군자라 할 수 없고, 예를 모르면 설 수가 없고, 말을 모르면 사람을 알 수가 없다."

품위 있는 정치와
유정한 천하를 위한 구상

1. 공자, 그 성실한 삶에 대하여

기원전 6세기는 감이 잘 잡히지 않는 옛날이다. 사람들이 마냥 순박하고 선하기만 했을 것 같은 시대다. 요즘에는 익숙한 것이 되어버린 엽기적인 사건들도 없었을 것 같다. 하지만 중국에서 당시는 질서와 인륜이 무너져 내리는 난세였다. 난세의 대명사인 이른바 춘추전국 바로 그 시대였다. 기존의 주나라의 질서는 붕괴되어가고 새로운 질서는 아직 세워지지 않은 상태에서 현상 유지나 창조보다는 파괴가 난무하던 시대였다. 위계 질서가 깨져 신하가 임금을 죽이고, 윤리가 무너져 자식이 아비를 죽이는 살벌한 시대였다. '말이라도 잘하거나 미모라도 있어야 먹고살아갈 수 있는' 천박한 시대였다. 불안정과 변혁의 시대였다. 공자는 바로 이 시대를 살아낸 사람이다. 공자는 기원전 551년에 태어나 기원전 479년까지 일흔두 해를 살았다. 공자가 태어난 날을 양력으로 환산하는 데는 의견의 일치가 이루어지지 않고 있었는데, 1952년 대만에서 공자의 탄생일이 양력 9월 28일로 공포되었다. 9월 28일은 대만의 스승의 날이기도 하다.

공자의 이름은 구丘이고, 자는 중니仲尼다. 《논어》에서도 공자가 자신을 지칭할 때는 '나 구는' 하는 식으로 얘기하며, 다른 사람이 공자를 지칭할 때는 '중니 그 사람' 하는 식으로 부른다. 공자의 출신은 미천했다. 그는 지방 장관을 지낸 적이 있는 나이 많은 아버지 숙량흘叔梁紇과 나이 어린 어머니 안씨顔氏 사이에서 태어났는데, '야합으로 낳았다'는 기록으로 보아 일반적인 가정에서 출생하지는 않은 것 같다. 아버지를 일찍 여읜 공자는 홀어머니를 봉양하기 위해 허드렛일이라도 해야 했다. 공자 자신이 '내가 소싯적에 먹고살기 위해 이런저런 잡일을 했다'라고 토로한 것을 보아도 그가 어려운 환경에서 자랐음을 알 수 있다. 공자가 태어난 곳은 노나라 추읍鄹邑, 지금의 산동성 곡부曲阜 부근이다. 중국 사람들은 크고 괄괄한 남자를 보면 산동대한山東大漢이라고 부르는데, 공자는 바로 그 '산동 출신의 체구가 큰 남자'로 무골풍의 훤칠한 인물이었던 같다. 공자는 《논어》의 기록에도 나타나듯 패션 감각이 뛰어난데다 표정이나 언행도 의연하고 기품 있어 풍모는 더할 나위 없었다. 하지만 공자의 기품은 태생적으로 갖추어진 것이 아니라 절차탁마의 결과였다. 빈한한 가정 출신으로 젊어서 허드렛일을 하기도 했지만, 일찍부터 뜻을 세우고 곤경을 겪으면서도 끝까지 정진한 덕분에 얻은 결과였던 것이다.

공자의 조국인 노나라에서는 당시 삼대 씨족(계씨, 중씨, 숙씨)이 실권을 쥐고서 정통 군주인 소공이나 애공을 핍박했으며, 결국 이들을 국외로 쫓아내 죽게 만들었다. 난亂의 상황이었다. 또한 대부밖에 안 되는 사람들이 힘[力] 좀 가졌다고 천자만이 할 수 있는 행사를 버젓이 거행하는 등 위아래가 지켜지지 않는 시국이었다. 공자는 조국에서 이런저런 벼슬을 했지만 뜻을 충분히 펼 수 없었다. 제후도 아니고, 대부와 대부의 가신들까지 나서서 전횡을 일삼는 상황에서 공자는 56세에 공직 생활을 그만두었다. 그 사이 이웃 제나라에 가보기도 하고, 진나라와 채나라에도 들러보지만 그저 두소지인斗筲之人(됫박만큼 속이 좁은 사람), 형편없는 군주들만 만나 실망을 거듭할 뿐이었다. 위나라 영공의 환대를 받기도 했지만, 결국 공자는 당대의 현실 정치에서 자신의 포부를 펼칠 수 없음을 깨닫고 말년에 조국으로 돌아와 제자 가르치기와 고대 문헌 정리로 여생을 보낸다. 물론 현실 정치에 대한 미련을 버리고 포부를 접는 것은 어려운 일이었다. 그래서 쿠데타 세력의 출사 권유에 잠시 마음이 흔들리기도 했고, 남들이 자신을 알아주지 않는 것에 대한 답답함을 견디다 못해 악기를 연주하며 한을 표현하기도 했다. '나에게 삼 년만 정치를 맡겨주면 큰 변화를 보여줄 수 있을 텐데'라고 한탄하기도 했다. 심지어 가까운 제자 자로에게 현실감이 없다는 핀잔을 들어가면서까지 자신의 꿈을 현실에서 실현하고자 애썼다.

어려운 때를 어떻게 지냈는가 하는 데서 곧 사람의 그릇과 품위가 드러난다. 사흘 굶어 남의 담 안 넘는 사람이 없다지만 굶어 죽을지언정 남의 담을 넘지 않는 사람도 분명 있다. 거칠고 허술한 음식을 먹고 허드레 옷을 입으면서도 책을 놓지 않는 사람도 있다. 힘들다고 남의 탓을 하고 남이 나를 알아주지 않는다고 푸념하는 게 보통 사람들이지만 묵묵히 실력을 쌓으며 때를 기다리는 사람도 있다. 아무리 어려워도 눈앞의 이해 관계에 이끌리지 않고 의로움을 먼저 생각하는 꼿꼿한 사람도 있다. 나의 편안함보다는 나라의 안위를 먼저 걱정하는 사람도 있다. 이것이 《논어》에 묘사된 군자의 모습이며 공자는 바로 이와 같은 사람이었다. 맹자의 표현을 빌리면 호연지기를 잃지 않고 어려운 시기를 의연히 버틴 사람이었다. 공자는 결국 당대에 뜻을 이루지 못했다. 하지만 자포자기하지 않고 자신이 잘할 수 있는 또 다른 일, 즉 제자 가르치기와 고대 문헌 정리에 전념했다. 그는 왕이 되지는 못했지만 왕보다 더한 영향력[未王而王]을 얻었다. 공자는 나보다 더 열심히 산 사람 있으면 나와보라고 큰소리 칠 수 있다.

공자는 삼천 명이나 되는 제자를 키웠다. 그 중 육예(당시 통치 계층이 익혀야 했던 교과목으로 예禮, 악樂, 사射, 어御, 서書,

수數를 말한다)를 익힌 출중한 제자만 일흔 명이었다.《논어》
〈선진〉에서는 공자 자신이 제자들의 특기를 직접 열거하기
도 했다. 이를테면 덕행에서는 안회, 민자건, 염백우, 중궁,
말 잘하기로는 자공과 재아, 정치에는 염유와 자로, 고대 문
헌에 밝기로는 자유와 자하 하는 식으로 말이다. 그 밖에도
유약, 증삼(증자), 번지, 남용, 자화 등 기라성 같은 제자들이
공자의 문하에서 배웠다. 공자에게는 아들이 있었지만 일찍
죽었고, 손자인 자사子思가 증자에게 배워《중용中庸》을 지
었다. 그리고 맹자는 자사의 문인門人에게서 배웠다. 이런 계
보를 보면 공자는 확실히 학문적으로 일가를 이룬 사람이다.
공자가《춘추春秋》를 짓고《시詩》와《서書》를 정리했다는 기
록이 있지만, 공자 스스로 창작하지 않고 서술했을 뿐이라고
한 것으로 보아 기존의 역사 기록과 시를 정리한 것 같다. 또
한 공자가 말년에 조국 노나라에 돌아와 풍류를 바르게 했다
는 기록이 있는 것으로 보아 음악 등의 예술 분야와 관련해
서도 그의 탁월한 관심과 공헌이 있었음을 알 수 있다.

2.《논어》라는 책의 의미

정자程子가 말했다. "《논어》를 읽고 아무 것도 얻지 못하
는 사람도 있고, 한두 구절이 좋아서 흥얼거리는 사람도 있

고, 정말 좋아할 줄 아는 사람도 있으며, 너무 좋아서 자기도 모르게 손으로 춤추고 발로 뛰는 사람도 있다." 정자가 또 말했다. "내가 열일곱, 열여덟 살 때부터 《논어》를 읽어 글의 뜻은 알고 있었지만, 오래도록 읽으니 그 깊은 의미를 더욱 깨닫게 되었다." 그렇다. 《논어》를 읽어본 사람이라면 정자의 이 말에 공감할 수밖에 없다. 이 책은 씹을수록 맛이 나는 고기이고, 사귈수록 향기가 나는 친구이다. 따뜻하면서도 엄한 스승이기도 하다. 또한 늘 가까이에 두고 읽으면서 스스로의 공부와 연륜을 측정하는 척도로 삼을 만하다.

《논어》는 공자의 말과 행동에다가 그의 제자들의 말과 행동을 일부분 포함해 서술한 책이다. 당시 공자의 제자들이 제각기 기록했던 내용들을 스승의 사후에 모아 논찬論纂한 것이다. 그래서 '논어'라고 부른다. 논어라는 말의 의미에 대해 이런저런 의견이 있지만, '스승에게 전해 들은 말을 논찬했다' 정도로 해석하면 무난하리라고 본다. 여러 사람의 기록을 묶어 정리한 것이다 보니 중복되는 구절도 많고 앞과 뒤의 장이 꼭 연관성을 갖는 것도 아니다. 《논어》 원문의 내용으로 보아 저자들의 활동 연대가 오십 년 정도까지 차이가 난다. 이 책이 최종적으로 누구의 손에 의해 완성되었는가에 대해서도 의견이 분분하지만 대체로 증자의 제자라고 여겨진다. 그 근거는 두 가지다. 우선 증자는 공자의 제자들 중 나이가 가장 어렸고, 가장 나중의 일까지 기록할 수 있었다. 이를테면 증자가 맹경자에게 하는 말이《논어》에 나오는데 이 것은 증자의 나이 일흔 살 때이자 공자 사후 사십 년 뒤의 상 황이다.《논어》에 나오는 인물과 사건 중 이보다 더 뒤의 것 은 없다. 즉 증자의 제자가 아니라면 알 수 없는 대목이다. 두 번째 근거는,《논어》에 나오는 공자의 제자들에 관한 언 급 중 증자의 언행이 가장 많다는 것이다. 공자와의 문답에 서 증자가 등장하는 것 외에 증자의 언행을 단독으로 기록한 곳만도 모두 열세 군데나 된다. 그리고 증자가 관련된 기록 에서는 그가 '증삼'이라는 이름 대신 꼭 '증자'라는 이름으로, 즉 존칭인 '자子'가 붙은 이름으로 등장한다. 결론적으로《논 어》는 공자 사후에 집필되기 시작해서 기원전 400년을 전후 해서 책으로 만들어졌다고 볼 수 있다. 그리고 그 책에 '논어' 라는 이름이 붙은 것은 한나라 때이다.

《논어》의 판본에 대해서도 논의가 많다. 선진先秦 시대의[137] 문장으로 가감 없이 온전히 보존되어온 판본은 별로 없다. 특 히 진시황제의 분서갱유 때문에 많은 죽간들이[138] 숨겨지면 서, 한나라 대에 와서 고문과 금문 논쟁이[139] 벌어지게 되었 고, 그 과정에서 판본이 여럿 생겨날 수밖에 없었다.《논어》의 판본은 세 가지다. 노魯논어와 제齊논어와 고古논어인데, 우 선 이들은 사용된 문자에서 차이가 난다. 노논어와 제논어는 금문, 즉 한나라 대에 쓰던 예서隸書[140]로 되어 있고, 고논어는 고대 문자, 즉 과두蝌蚪 문자[141]로 되어 있다. 또한 내용에서도 차이가 나는데, 노논어는 모두 20편으로 되어 있고, 제논어는 22편, 고논어는 21편으로 되어 있다. 이런 판본의 차이와 착 간錯簡(페이지와 장이 뒤섞여 잘못되는 것) 때문에 오늘날 우리가 접하는 《논어》에 전후 문맥이 어긋나는 구절이 있는 것이다. 그나마 위나라 때 하안何晏이 당시의 여러 판본을 정리해 《논어집해論語集解》를 낸 덕에 이 정도의 원문이라도 볼 수 있게 되었다. 지금 우리가 보는 《논어》는 20편으로 되어 있고, 각 편에 붙어 있는 '학이', '위정' 같은 제목은 그 편의 첫 글자를 딴 것으로 별 의미는 없다.

한나라 이후 《논어》에 대한 수많은 주석이 나왔는데 볼 만한 것들만 추려도 천여 가지는 될 것이다. 중국의 지식인들은 경전에 대한 해석을 통해 자신의 학문을 표현해왔는데, 유가 지식인들로서는 그들의 바이블인 《논어》에 주를 다는 것이 영광이었을 것이다. 대표적인 주석으로 양梁나라 황간 黃侃의 《논어의소論語義疏》, 송나라 주희朱熹의 《논어집주論語集註》, 청나라 유보남劉寶楠 부자의 《논어정의論語正義》 등이 있다. 현대에 나온 것으로는 1956년에 나온 양백준楊伯峻의 《논어역주論語譯注》가 꼼꼼하고 알차다.

3. 공자의 꿈과 이상

공자는 큰 정치를 해보고 싶어했던 정치 사상가이다. 그런 의미에서 《논어》는 공자의 출사표가 담긴 정치학 원론이다. 공자의 사상은 곧 정치 사상이다. 이 정치학 원론에 담긴 공자의 구상을 한마디로 정리하면 군주론이자 군자학이라 할 수 있다. 사회의 모든 문제를 군주 한 사람의 역할에 의존해서 해결하려 했다는 점에서 군주론이고, 그 군주가 무엇보다도 먼저 군자의 훈련을 거쳐야 한다고 강조했다는 점에서 군자학이다. 그리고 군자의 소양을 갖춘 현명하고 유능한 관리들이 군주를 보좌해야 한다고 보았다는 점에서도 군자학이다. 또한 타고난 신분과 관계없이 누구나 후천적인 노력에 따라 군자도 될 수 있고 성인도 될 수 있다고 한 점에서도 군자학이다. 그런 의미에서 공자의 사상은 도덕성을 말하는 수기修己와 통치 능력을 말하는 치인治人으로 요약된다. 우선 제 몸을 잘 닦은 다음에 나아가 널리 사람들을 편안하게 하라는 것이다. 가장 바람직한 것은 능력과 도덕성을 겸비하는 것이겠지만 굳이 우선 순위를 따지자면 공자는 능력보다 도덕성을 더 중시했다. 물론 바탕과 무늬를 겸비한 빈빈彬彬의 상태가 군자라고 했지만, 공자는 재주는 있으나 품격이 낮은 사람보다는 차라리 재주가 없더라도 품격이 높은 사람을 선호했다. 그러나 수기와 치인이라는 두 덕성은 누구보다도 지식인의 사명감에 불탔던 공자의 입장에서 보면 결국 서로 연결되어 있는 일련의 과정일 뿐이다. 이른바 내성외왕內聖外王이 바로 그것이다. 수신을 이룬 사람은 어차피 자신의 성취를 바깥으로 확장시켜야 하는데, 나에게서 남에게로 확장되는 이 과정이 '추推'이다. 공자가 구상한 이상 사회의 모습은 성인의 경지에 오른 군주가 북극성처럼 우뚝하게 체제의 정점에 앉아 본을 보이고, 군자의 훈련을 거친 관리들이 그를 보좌하고, 그 아래로 사회의 구성원들이 각자 제 역할을 충실히 하는 것이다. 사회의 질서와 번영은 피라미드 구조의 맨 꼭대기에 있는 군주의 역할에 달려 있다. 군주가 적나라한 권력의 행사 대신 우아한 덕성으로 백성들을 감동시키는 정치와 모든 백성들이 군자가 되는 품위 있는 사회, 이것이 공자의 이상이다. 이것은 시스템이 아닌 사람, 즉 군주의 덕성으로 움직이는 정치다. 이렇듯 공자의 사상은 한마디로 '사람이 제일 중요하다[爲政在人]'에서 시작해 '뭐니뭐니 해도 결국 덕밖에 없다[爲政在德]'로 끝난다.

　기본적으로 공자는 백성 위주의 사상가라기보다는 통치자 위주의 사상가이다. 공자의 정치 사상은 살벌한 정치를 우아한 도덕의 차원으로 끌어올리려는 노력과 고민인 만큼 그 추진 세력으로서의 위정자의 역할이 중시될 수밖에 없다. 또한 덕화德化니 도덕 정치니 하는 것이 품격과 능력을 갖춘 성인 군주의 출현 여부에 달려 있다고 한 점에서도 공자의

정치 사상은 다분히 군주 본위다. 물론 위민爲民이니, 중민重
民이니 해서 백성을 중시한 것은 사실이지만 그렇다고 해서
백성들의 위상을 높이 평가한 것도 아니고, 백성들이 당대의
정치 문제를 해결할 힘을 갖고 있다고 생각한 것도 아니다.
단지 바람과 풀의 비유를 들어가며 통치자의 입장에서 어떻
게 백성들에게 널리 고루 베풀고, 나아가 백성들이 인격적
완성을 이루도록 도와주고 이끌 것인가를 고민하고 구상했
을 뿐이다. 공자가 정명을 주장하고 요순 임금의 덕화 정치
를 강조한 것은 무너져 내리고 있는 위계 질서의 정점에 서
있는 군주에게 제 역할을 다해줄 것을 요청하는 강력한 메시
지다. 그 메시지의 대상은 어디까지나 군주였다. 공자는 당
시 난의 원인이 군주를 비롯한 통치 계층의 문란함에 있다
고 진단하고 시종일관 통치자의 입장에서 문제를 해결하려
고 했을 뿐, 백성들이 하의상달 식으로 정치 문제에 참여해
야 한다고 선동하거나 시민적 정치 의식을 부추기는 내용은
그 어디에도 없다. 그런 의미에서 공자의 이상과 꿈을 공자
의 군주 역할론으로 정리해보고자 한다. 군주의 지위, 조건,
권력, 직무, 행위로 나누어 공자가 열정적으로 말한 군주 역
할론을 해석해보겠다.

(1) 군주의 지위

'자리가 사람을 만든다'는 말이 있기는 하지만 공자는 기

본적으로 '그 지위에 있지 않으면 그 정사政事를 꾀하지 않는다'고 하여 우선 지위와 역할 사이의 관계를 분명히 했다. 그런 후에 '군군신신부부자자君君臣臣父父子子'라는 말로 각 지위에 상응하는 역할 수행을 요구했다. 군주의 지위에 있는 사람은 그 역할을 다해야만 군주의 자격이 있는 것이고, 신하와 아버지와 자식의 경우도 마찬가지이다. 자리가 사람을 만드는 것이 아니라 자격을 가진 사람만이 그 자리에 앉아야 한다는 뜻이다. 공자가 세상을 바로잡으려면 무엇보다도 명분을 바로 세워야 한다는 의미에서 말한 정명도 결국은 이 간단한 이치가 지켜지기를 희망하는 것에 다름 아니다. 공자는 이렇듯 각자가 제 위치에서 제대로 역할을 수행한다는 전제 아래 천자, 제후, 경대부, 사, 서인의 다섯 계층으로 나뉘어 있던 당시 계층 구조의 위계 질서가 지켜져야 한다고 말한다. 그는 천하의 정치는 응당 위계 질서의 정점에 서 있는 천자의 뜻에 따라 이루어져야 하며, 만약 정치가 그 아래의 제후들에 의해 좌우되거나 더 내려가 대부 계층에게 장악된다면 곧 체제의 붕괴가 초래될 것이라고 경고한다. 이렇듯 공자는 군주다운 군주의 경우를 전제로 하고 있지만 일단 군주의 지위의 존엄함은 인정하고 있다.

그렇다고 공자가 군주주의자였던 것은 아니다. 그가 군주의 지위를 인정한 것은 단지 군주의 사회적 책임을 깊이 인식했기 때문이지, 군주의 지위를 절대적인 것으로 여기거나 신성시해서가 아니었다. 일반적으로 지위나 등급이란 그것을 얻는 데 필요한 훈련과 재능의 정도, 사회적 중요성의 정도에 따라 결정되게 마련인데, 공자의 군주 지위론도 그런 원리에 입각한 것이다. 천하의 백성을 먹이고[養民] 보호하고[保民] 나아가 가르치는[敎民] 일까지 해야 하는 군주인 만큼 군주는 그 어떤 계층보다 사회적 책임이 막중하고, 군주에게 요구되는 훈련과 능력도 엄청나다는 얘기다. 그리고 이렇듯 정당한 역할 수행을 위해서라도 존귀한 군주의 지위가 필요하다.

　여기서 생각해볼 문제는 군주 지위의 취득 방법에 대한 공자의 견해다. 사실 지위를 어떤 방법으로 취득하느냐 하는 문제는 그 지위의 정당성과 밀접한 관련이 있다. 마키아벨리는 군주의 지위 취득 방법에는 세습, 무력, 행운, 능력 이렇게 네 가지가 있다고 했는데, 예나 지금이나 군주의 지위 취득 방법은 이 범주를 크게 벗어나지 않는다. 크게 보면 능력에 의해서건 폭력에 의해서건 또는 요행에 의해서건 자신의 힘으로 지위를 얻는 획득적 취득 방법과 정해진 제도에 따라 지위를 물려받는 생득적 취득 방법의 두 가지로 나뉜다. 이들 여러 방법 중에서 공자가 가장 바람직하게 여긴 방법은 선양禪讓이다. 요 임금이 순 임금에게, 다시 순 임금이 우 임금에게 천하를 물려준 것처럼 대대로 성군聖君이 성군에게 지위를 이양하는 방법이 최선이라는 것이다. 이른바 선양이란 현 군주가 도덕성과 능력을 갖춘 인재를 출신 성분을 가리지 않고 발탁하여 일정 기간 수습 과정을 통해 경력과 실적을 쌓도록 준비시킨 후 자원해서 평화적으로 그에게 자신의 지위를 이양하는 것이다. 물론 요, 순, 우의 선양설이 역사적 사실인지 아닌지는 확인할 길이 없다. 중요한 것은 역사상 최초로 요, 순, 우의 선양을 언급했던 공자의 진의가 무엇이었나 하는 것이다. 공자의 의도는, 당시 천하를 자신의 사사로운 소유물로 여겨 전횡을 일삼던 군주들을 비판하고, 그들을 개과천선시켜 요, 순, 우의 본대로 천하위공天下爲公[142]의 태도를 갖게 하려는 것이었다. 공자가 요순 선양설이라는 정치 신화를 만든 것은 결국 군주에게 본을 제시하고 또 군주에게 경각심을 주기 위해서였다.

그러나 아쉽게도 선양설은 공자의 의도와는 달리 후세의 야심가들에 의해 왕위 찬탈의 명분으로 악용되었다. 왕망王莽이 한을 찬탈할 때나 조씨曹氏의 위가 한의 황제에게 양위를 강요할 때는 물론이고, 이후 진, 송, 양, 진을 거쳐 수와 당에 이르기까지 숱한 야심가들이 선양의 명분을 내세워 왕위를 찬탈해왔음을 역사는 증명하고 있다. 공자의 구상은 대대로 성인이 군주가 되도록 하는 것이었는데, 역대의 정치 현실은 그 반대로 수단과 방법을 가리지 않고 왕위에 오르기만 하면 그 자체로 곧 성인임을 인정받는 것인 양 공자의 뜻을 왜곡시켜버렸다.

여기서 한 가지 주목할 만한 사실은 공자의 선양설 신화에는 사람은 누구나 평등하게 태어났다는 도덕적 평등주의와, 사람은 누구나 노력과 성취 여하에 따라 얼마든지 상향 이동을 할 수 있다는 개방적인 사회 유동관이 담겨 있다는 것이다. 공자는 인성이란 태어날 때는 기본적으로 비슷한데 후천적인 습관으로 인해 서로 달라진다는 견해를 갖고 있었다. 극소수의 천재인 상지上智와 타고난 바보인 하우下愚라는 예외적인 경우를 제외하고는 누구나 본질적으로 비슷한 가능성을 갖고 있다는 얘기다. 물론 이것은 기회의 평등을 말하는 것이지 결과의 평등을 말하는 것은 아니다. 공자의 유교무류有敎無類(배움에는 차별이 없다) 식의 개방적이고 평등한 교육론도 이런 인식에서 나온 것이다. 그리고 이 생각은 결국 개방적인 사회 유동관으로도 이어진다. 평민 출신이라도 도덕성과 능력만 있으면 얼마든지 통치 계층에 진입할 수 있다는 주장은 당시 봉건 사회의 구조적 변화를 예고하는 획기적인 발상이었다. 신분 지향적인 봉건 사회 구조에 공자는 성취 지향의 새로운 계층관을 제시한 것이다.

공자의 계층관을 플라톤의 기질론과 비교해보면 그 개방성의 정도를 더욱 명확하게 가늠할 수 있다. 플라톤은 사람의 기질을 금, 은, 동의 세 부류로 나누고, 이 기질은 누구나 타고나는 것, 즉 정해진 것이라고 했다. 금의 기질을 타고나서 통치 계층이 되는 것과 은의 기질을 타고나서 군인 계층이 되는 것, 그리고 동의 기질을 타고나서 생산자 계층이 되는 것은 모두 출생 때부터 결정돼 있다는 것이다. 결국 국가의 구성원 각자가 자신의 본성과 기질에 적합한 임무에 전념하는 것이 곧 정의라는 플라톤의 신분 사회적 정의론도 이러한 고정적이고 폐쇄적인 계층관에서 나온 것이다. 이에 반해 공자는 통치 계층이 되느냐 되지 못하느냐 하는 것은 타고난 기질과 출신 성분이 아니라 순전히 후천적인 노력과 개인적 성취에 달려 있다고 보았다. 지배하느냐 아니면 지배받느냐를 결정하는 기준이 자기 하기 나름의 결과인 군자냐 아니면 소인이냐 하는 데 있다는 생각은 당시로서는 새로운 것이었다. 선양설에 내포되어 있는 진의는 바로 이런 것이다. 공자는 순 임금이 요 임금에게 발탁되기 전에는 귀족도 왕족도 아닌 평범한 백성의 하나일 뿐이었지만 수양을 쌓고 업적을 쌓아 결국 군주의 지위에까지 오를 수 있었다는 이야기를 통해 상향 유동의 가능성도 말하고 싶었던 것이다.

(2) 군주의 조건

우민 정치를 우려해서 민주주의를 반대했던 고대 철학자의 금언을 굳이 빌리지 않더라도 대중의 선거가 늘 최상의 지도자를 선출하지는 못한다는 것이 엄연한 현실이다. 그렇다고 당장 민주적 선거를 대신할 만한 더 합리적인 방법이 있는 것은 아니다. 선거가 아닌 세습으로 군주가 결정되었던 군주 정치 시대에는 명군明君을 만나느냐 아니면 암군暗君이나 폭군暴君을 만나느냐 하는 것은 선택권이 없는 백성의 입장에서 보면 그저 당대의 팔자 소관이라고 할 수밖에 없는 일이었다. 사실, 역사를 살펴보면 왕세자에 대한 교육이 철저하고 군주를 견제하는 제도가 마련되어 있었다 해도 결국 명군보다는 암군이나 폭군이 더 많았음을 확인할 수 있다. 그런 의미에서, 지도자를 선택할 수 있는 시대보다는 아예 선택의 여지가 없는 군주 정치의 시대에 통치자의 조건에 대한 연구가 더욱 절실했을지도 모른다.

공자가 말한 군주의 조건은 도덕성과 통치 능력, 두 가지다. 먼저 도덕성에 대해 말하자면, 공자가 강조한 도덕성의 내용은 한마디로 인仁이다. 공자가 말한 인은 사람다움이다. 사람다움이란 기본적으로 사람에 대한 깊은 연민과 애정에서 시작하여, 언행을 공손하고 진지하게 하며, 용서하고, 적어도 자신이 하고 싶지 않은 일은 남에게 시키지 않는 것이다. 인이란 공경恭敬, 충서忠恕, 강의剛毅 등의 모든 덕목을 포괄하는 개념인데, 이러한 경지는 공자가 평생 자신을 닦은 끝에 도달한 경지이고, 공자가 흠모해 마지않았고 그래서 군주의 모범으로 칭송했던 요순 임금이 도달한 수양의 극치다. 공자가 인을 이루는 방법으로서 제시한 것은 극기克己와 복례復禮다. 극기복례란 이성적인 자각에서 시작하여 끊임없이 자신을 반성하는 공부 과정을 말한다. 도덕이란 원래 실천하

는 것이고, 그 실천은 자기와의 싸움에서부터 시작된다는 뜻
이다.

다음으로 통치 능력에 대해 말하자면, 공자가 강조한 것
은 한마디로 용인用人의 능력이다. 그는 용인의 능력을 갖추
기 위해서는 배움[學]과 사색[思]의 과정을 통해 지知를 배양
해야 한다고 했다. 다행히 군주가 상당한 수신의 경지에 이
르렀다고 해도 그의 도덕적 품격이 사회에 두루 영향을 미쳐
감동의 정치로 이어지려면 현명하고 유능한 관리들의 도움
이 있어야 한다. 공자는 순 임금과 탕 임금이 이상적인 정치
를 펼 수 있었던 것은 고요와 이윤 같은 인재를 등용한 덕분
이라고 말하며, 이상적인 정치도 결국 성공적인 용인에 달려
있음을 강조했다. 또한 애공이 백성을 감동시킬 수 있는 정
치에 대해 물었을 때, "반듯한 사람을 굽은 사람 위에 놓으면
백성이 따를 것이고, 굽은 사람을 반듯한 사람 위에 놓으면
백성이 따르지 않을 것"이라고 대답하여 곧고 반듯한 인물을
등용하는 일이 곧 군주의 조건임을 강조하기도 했다. 이렇듯
공자가 이상적인 정치라고 여겼던 무위無爲 정치는 사람을
볼 줄 아는 군주가 남면南面하여 큰 정치인 통統의 작업을 하
고, 행정이나 관리의 영역인 치治의 작업은 군주가 선발한 유
능하고 현명한 재상과 관리들이 맡아 하면서 실현되는 것이
다.

그러면 용인을 제대로 하는 데 필요한 조건인 지의 배양

방법은 무엇일까? 공자가 말한 성인 군주는 플라톤의 철인은 아니다. 이지적인 능력을 도덕적 품격만큼 강조하지는 않았다는 뜻이다. 그러나 공자는 "배우기만 하고 생각하지 않으면 견식이 어둡게 되고, 생각만 하고 배우지 않으면 학문이 확고하지 못하다"라고 하여 기본적으로 배움과 사색을 균형 있게 추구할 것을 제안했다. 뿐만 아니라 다문多聞과 다견多見, 즉 많이 듣고 많이 보는 것도 용인에 필요한 지성을 쌓을 수 있는 효과적인 방법이라고 했다. 사실 남면하여 통의 작업을 한다는 것은 외롭고 힘든 결정을 혼자서 감당해야 한다는 것을 의미한다. 이것은 자칫 인의 장막에 갇혀버리거나 독불장군 식의 결단을 내리는 우를 범하게 될 소지도 있다는 얘기가 된다. 그러므로 늘 열려 있는 마음으로 허물이나 의심스러움에 대한 충고를 들을 줄 알아야 한다. 결국 많이 배우고 깊이 생각하며 많이 듣고 많이 보는 것이야말로 지를 키우는 첩경이며, 그런 과정을 통해 사람에 대한 깊은 이해를 갖게 된다는 얘기다. 그리고 사람에 대한 깊은 이해가 있어야만 어떤 사람이 정말 성실하고 유능한지 아니면 아첨에 능하고 이중적인지를 분별할 수 있는 것이다. 즉 공자가 말하는 지는 곧 지인知人인 것이다.

(3) 군주의 권력

좋은 꽃도 열흘 가기 어렵고, 꿈쩍하지 않을 것 같은 권력도 십 년을 못 간다고 했다. 사실이다. 이것은 누구나 사심만 조금 버리면 훤히 알 수 있는 상식이고 진실이다. 그럼에도 절대 권력은 썩을 때까지 꾸역꾸역 지탱해간다. 나중에 험한 꼴을 당하더라도 끝까지 가는 것이 권력의 속성일까? 정승이 죽으면 문객이 없어 썰렁해도 정승 집 개가 죽으면 사람들로 문전성시를 이루는 게 현실이다. 정승에게 눈 도장이라도 찍으려고 몰려드는 것인데, 이것은 결국 권력의 문제다. 나중에 무상無常하지만 현재의 권력은 달다. 권력이란 무엇인가 목적을 달성하는 데 더없이 유용한 수단이기 때문이다. 그러니 권력 앞에서 전전긍긍할 수밖에 없다. 여러 권력 중에서 정치 권력이 단연 압도적이다. 정치 권력, 이른바 통치권이란 상당한 구속력을 갖고 있기 때문이다. 상대방이 원하든 원하지 않든 강제로 목적을 달성시키는 힘이라는 데 정치 권력의 무서움이 있다.

우리가 인정을 하든 하지 않든 권력은 정치 생활의 기본 요소이다. 어떠한 사회도 권력 현상 없이 존재할 수는 없다. 그러나 공자의 정치 사상에서 권력에 대한 언급은 별로 없다.《논어》어디에도 왕권신수니 계약이니 하는 군주 권력의 기원에 관한 언급이 없고, 군주의 권리로서의 권력 행사에 대한 언급도 없다. 다만 군주의 막중한 직무 수행에 권력 사용은 불가피하다는 점을 감안해서 마지못해 권력 이야기를 하고 있을 뿐이다. 기껏해야 병권과 관련된 군 통수권이나,

통의 작업과 관련해 대강의 나라 정책을 결정하는 최고 의사 결정권이나 상벌권 등을 조심스럽게 용인하고 있을 뿐이다. 오히려 공자는 군주의 권력 행사의 제한에 대해 적극적으로 언급하고 있다. 권력이란 공자에게는 필요악이었다. 한마디로 권력의 문제는 공자 정치 사상의 핵심 과제는 아니었다.

공자가 이처럼 권력 이야기를 하고 싶어하지 않았던 것은 두 가지 이유 때문이다. 우선 그가 정치의 성패가 적나라한 권력의 행사에 있지 않고 도덕적 감화에 있음을 군주에게 강조하고자 했기 때문이며, 또 권리와 의무의 상호 관계에서 의무에 대해서는 적극적이었던 반면 권리에 대해서는 아주 소극적이었기 때문이다. 공자는 군주란 하나부터 열까지 진두에서 지휘하는 것이 아니라 북극성처럼 제자리에서 뭇 별들을 비춰주기만 하면 된다는 것을 강조했다. 공자는 어떻게든 도덕이 권력을 대신하게 해서 군주의 권력 남용이나 오용으로 인한 부작용을 줄여보려고 했던 것이다. 꼭 바깥에서 강제력이 가해져야만 질서가 유지되는 것이 아니라 내부적으로 질서가 유지되는 그런 정치가 공자의 목표였다. 공자는 힘으로 밀어붙이는 정치[爲政以力]가 아닌 감동을 주는 정치[爲政以德]를 종지로 삼았다. 그는 덕과 힘 또는 덕과 세勢 중 분명히 덕에 치우쳐 있었다. 물론 군주의 권력에 대한 논의 이전에 공자는 이미 역할 수행과 관련된 의무와 권리 사이에서 의무 쪽에 치우쳐 있었다. 그는 군주에 대해 말할 때도 군도君道를 강조했고, 말을 할 때마다 반드시 요, 순, 우 등 군도의 모범이 되는 임금들의 덕을 칭송했다. 공자의 정치 사상에는 의무 관념만 있지 권리 관념은 없다. 그는 큰 소리로 내세워야 할 자기 권리보다 우선 자기 역할이 요구하는 의무를 강조한다. 이를테면 '군주는 의로워야 한다[君義]'는 신하와 백성에 대한 군주의 의무를 규정한 것이고, '신하는 충성스러워야 한다[臣忠]'는 군주에 대한 신하의 의무 규정이다. '어버이는 자애로워야 한다[父慈]'는 자식에 대한 부모의 의무 규정이며, '자식은 효성스러워야 한다[子孝]'는 어버이에 대한 자식의 의무 규정이다. 친구 사이에는 믿음이 있어야 하고[友信], 형제간에는 우애가 있어야 한다[兄友弟恭]는 것도 모두 의무 규정이다. 공자의 정치 사상은 역할과 의무를 강조할 뿐이다. 군주도 예외가 아니다.

물론 아무리 정치를 도덕으로 순화시키려 해도 현실 정치에서 권력의 작용을 배제할 수는 없다. 그리고 도덕 정치를 실현하는 데 있어서도, 우아하게 행사할 수만 있다면 권력 행사는 필요하다. 공자는 역할과 책무를 다하기 위해서는 권력 사용이 불가피하다는 사실을 잘 알고 있었다. 권력의 속성을 잘 이해하고 있었던 것이다. 그래서 조심스럽기는 하지만 공자도 군주가 마땅히 행사해야 할 권력에 대해 말했는데, 권력을 필요악 정도로 인식한 것이라고 볼 수 있다. 요즘의 용어로 하자면 전제적 성격의 권력관arbitrary power이 아닌 기능적 성격의 권력관functional power을 가지고 있었다는 뜻이다. 전제적 성격의 권력관이란 권력의 존재와 행사 그 자체를 목적으로 하는 권력관이다. 반면 기능적 성격의 권력관이란 정치 권력 그 자체를 고유한 가치를 가진 것으로 보기보다는 더 높은 목적을 달성하기 위한 도구로 여기는 것이다. 공자는 정치 권력을 덕치 실현의 유용한 도구로 여겼을 뿐이다.

그렇다면 공자가 기능적 목적으로 존재와 행사를 인정한 정치 권력은 어떤 것일까? 정리해보면 세 가지이다. 인사권을 포함해서 정책의 대강을 제시하는 최고 의사 결정권, 상벌권, 병권이 바로 그것이다. 우선 최고 의사 결정권부터 말해보자. 공자는 도의 실천은 정책을 통해 이루어진다고 했다. 군주가 몸을 바르게 하면 명령이나 강제를 동원하지 않아도 정치가 잘 되어나가지만 군주가 몸을 바르게 하지 못하면 사람들이 따르지 않는다고 했다. 물론 이 말은 도의 실천은 덕화를 통해 이루어진다는 말과 대구對句를 이루는 것이고, 명령이나 강제에도 군주의 모범이 전제되어야 한다는 뜻을 담고 있지만, 어쨌든 이로써 공자는 군주만이 최고 정책 결정자로서 정령의 기본 방향을 정할 수 있음을 인정하고 있는 것이다.

다음으로 살펴볼 것은 상벌권이다. 은전을 베풀어 백성들의 사랑과 존경을 받는 데 쓰건, 엄격한 징벌을 통해 권위를 세우는 데 도구를 쓰건 상벌권은 유용한 권력이고, 군주 전제 아래에서는 그 권력이 군주에게 집중되기 마련이다. 그런 의미에서 법가는 상벌의 권력이야말로 군주가 확실히 행사해야 할 이기利器라며 적극 긍정했다. 그러나 공자는 상벌권의 행사를 적극적으로 권장하지 않았을 뿐만 아니라, 상에 대해서는 언급하지 않고 형벌에 대해서만 부득이한 심정으로 언급하고 있을 뿐이다. 그는 염치를 알도록 다스린다는 말의 대구로서 형벌로 다스린다고 말함으로써 형벌의 효과는 인정하고 있으나, 결국 예악이 없으면 형벌이란 것도 소용없다는 점을 강조하고 있다.

다음으로 살펴볼 것은 병권이다. 공자는 이 병권의 행사 역시 조건부로만 긍정했다. 그는 기본적으로 당시에 빈발하던 겸병 전쟁(정당한 목적이나 명분 없이 땅을 넓히기 위해 이웃 나라를 겸병하려는 목적의 전쟁)을 반대했다. 공자가 보기에 무도한 군주였던 위나라 영공이 병법에 대해 물었을 때 그는 "예법에 대해서는 일찍이 들은 바가 있습니다만, 군대와 관계된 일은 배운 적이 없습니다"라고 대답함으로써 침략을 목적으로 한 병권 사용을 반대한 바 있다. 하지만 전쟁이 빈발하던 당시에 백성들을 군사적으로 훈련시키지 않는 것은 그들에게 죽으라고 하는 것과 같다고 생각한 공자는 한 칠 년 정도 잘 가르치면 될 것이라며 방어 목적의 군사 훈련을 긍정했다. 아울러 그 대목에서 방어 전쟁을 위한 용병권을 군주가 잘 행사해야 한다고 말했다.

위의 내용을 요약하면, 공자는 권력을 도덕 정치의 보조 수단 정도로 생각했다고 볼 수 있다. 그는 군주에게도 권리 보다는 의무를 강조했고, 권력도 군주의 막중한 직무를 수행 하기 위한 목적으로만 사용하도록 제한했다. 전제 정치에서 군주가 적나라한 권력 사용으로 백성을 압제한다면 그 부정 적 영향력을 막을 길이 없다. 그러므로 어떻게든 권력의 색 채를 담백하게 만드는 것이 과제이다. 공자의 결론은 도덕 으로 권력을 순화시키는 것이었다. 공자의 정치 사상은 질서 와 안정을 강조하지만 그 방법은 설득력 있는 통제persuasive control이지 강제적인 통제coercive control가 아니었다. 공자에 게 권력은 필요악일 뿐이었다. 문제는 권력욕이란 것이 사람 의 욕망 중에서 가장 끈질긴 욕망이란 점이다. 권력욕은 성 욕이나 식욕과 달리 대충 달래고 끝내기 어려운 것일 뿐 아 니라 나이를 먹는다고 해서 약해지는 것도 아니다. 젊어서는 혈기를 조심하고 늙어서는 욕심을 조심하라고 하지 않았던 가. 경계해야 할 욕심 중에서도 첫째가 권력에 대한 욕심이 다. 끈질긴 권력에의 의지는 결국 죽음에 이르러서야 끝나게 마련이다. 그러므로 이를 제대로 통제하지 않으면 끝 가는 줄 모르게 된다. 공자는 이 사실을 잘 알고 있었다. 또한 군주 한 사람에게 모든 권력이 집중된 사회에서 군주의 절대적 권 력을 견제할 장치가 없다면 부패의 위험이 크다는 사실을 절감하고 있었다. 그래서 권력에 대한 공자의 이야기는 군주의 권력을 어떻게 제한할 것인가에 집중되어 있다.

그러면 권력을 제한하는 최선의 방법은 무엇일까? 가장 좋은 방법은 역시 권력을 나누는 것이다. 수직적 또는 수평적으로 나눌 수 있을 만큼 나누어 권력이 견제와 균형을 유지하게 하는 것이다. 이것은 권력을 중앙과 지방으로 나누고 또 기관별로 나누는 것이다. 중요 직책에 대해서 임기를 정해놓는 것도 좋은 방법이다. 그러나 희한하게도 중국은 1911년 신해혁명으로 왕정이 무너질 때까지 정치 체제에 아무런 변화가 없었다. 그저 이씨의 당 왕조가 조씨의 송 왕조로 바뀌는 식의 왕조 교체만 있었을 뿐, 왕정에서 공화정으로 바뀌고, 공화정에서 왕정으로 복고되고, 귀족정으로 바뀌고 하는 식의 정치 체제 변화는 없었다. 시종일관 전제 왕정으로 초안정적인 정치 체제를 유지해왔다. 게다가 인민의 지위도 없었다. 제한적이기는 하지만 일찍이 직접 민주주의를 경험했던 고대 그리스나, 집행부와 원로원을 구분하고 시민들의 선거를 통해 호민관을 선출하고 집행부의 임기까지 제도화했던 고대 로마의 경우와 대조적으로 같은 시기에 중국에는 오로지 견고한 전제 군주 체제밖에 없었다. 공자가 제시한 군주의 권력을 제한하는 방법은 세 가지였다. 군주의 도덕성을 강조하고, 민의를 부각시키고, 최후의 비상 수단으로 혁명권을 인정하는 것이었다.

먼저 도덕성을 강조하는 방법으로 군주의 권력을 제한하는 문제부터 살펴보자. 공자는 요순 임금의 예를 들며 성인 군주론을 외쳤다. 선양설도 주장했고, 힘의 정치가 아닌 덕의 정치도 강조했다. 덕 있는 자가 군주가 되어야 한다는 이 말은 당대 군주들에게 덕성 함양을 종용하는 효과도 있었는데, 품위를 추구하는 군주라면 당연히 이를 대단한 압력으로 느꼈을 것이다. 이것은 이후 모든 군주들에게 부담으로 작용하는 표준이 되었다. 그러나 문제는 도덕적 훈련이란 것이 순전히 자발적인 일인데다가 누구나 성인이 될 수 있다는 공자의 주장은 그의 희망과는 달리 그다지 현실적이지 않다는 것이다. 역사는 성군과 명군보다는 그저 범용한 군주들이 더 많았고 암군 내지는 폭군도 끊이지 않았음을 알려준다. 자발적인 수양에 아무런 부담을 느끼지 않는 군주에겐 달리 약이 없다. 부끄러운 줄 모르고 전횡을 휘두르는 군주에게는 요순과 탕무를 들먹이는 것이 오히려 '괘씸죄'의 사유가 될 뿐이다. 설령 인격 수양에 열심인 군주라 해도 실제로 성인의 경지에 오르는 것은 하늘의 별 따기다. 공자의 예를 보면 그 점은 명백해진다. 공자는 평생 동안 애써 자신을 닦으며 산 사람으로, 열다섯에 뜻을 세워 마흔에야 불혹을 외쳤다. 마흔이란 나이는 정신적으로나 육체적으로 유혹이 많은 나이다. 그러나 공자는 과연 성인답게 마흔에 불혹을 자랑했다. 그리고 그런 자질과 노력이 있었음에도 더 수양을 한 결과, 일흔에야 비로소 세상 이치를 터득하게 되었다. 공자 같은 대재大才가 그렇다면, 보통의 자질을 타고나서 배움보다는 색에 더 이끌리는 평범한 사람들이 성인의 경지에 오르는 것은 사실상 불가능하다고 할 수 있다. 성인은커녕 군자가 되기도 수월치 않다. 이렇듯 도덕성을 강조해서 권력을 제한하고자 하는 방법은 수양에의 의지가 있는 자발적인 군주에게만 효과가 있을 뿐, 인생은 음식남녀가 아니냐며 그저 색만 좇는 군주에게는 아무런 효과가 없다.

다음은 민의를 부각시키는 방법이다. 공자는 천하에 도가 있으면 백성들이 이러쿵저러쿵 불만을 토로하지 않는다고 말한 바 있는데, 이것은 곧 군주에게 백성을 먼저 생각하는 정치를 하라고 주문하는 것과 같다. 공자는 군주의 존재 이유가 백성을 먹이고 보호하고 가르치는 데 있다고 생각했다. 다 버려도 나라에 대한 백성의 신뢰만큼은 버릴 수 없다고도 했다. 그러기 위해서는 민의를 의식하지 않을 수 없는데, 문제는 공자가 강조한 민의라는 것이 백성의 정치적 지위를 인정해줄 정도로 적극적인 것은 아니었다는 사실이다. 민의를 부각시킨 것은 군주에게 경각심을 주기 위해서 군주를 상대로 말한 것이지, 백성들의 정치 참여를 부추기기 위해서 백성을 상대로 말한 것이 아니다. 백성을 고려한 정치를 하라고 군주에게 충고한 것이지 주권재민이나 시민 의식을 강조한 것이 아니다. 공자는 정치 체제의 구성원을 군자와 소인이라는 두 부류로 나누었다. 물론 이 구분은 선천적 출신 성분에 따른 신분적 개념이 아니다. 본인의 노력 여하에 따라 결정되는 성취의 개념이다. 왕후장상으로 태어나도 수양에 게으르면 소인에 그치게 되는 것이고, 농사꾼의 집에서 태어나도 몸과 마음을 잘 닦기만 하면 얼마든지 군자의 대열에 들 수 있는 것이다. 공자는 이런 구분에 따라 소인은 사회적 역할이 적은 만큼 당연히 정치적 지위 또한 갖고 있지 않다고 했다. 소인은 정치적 감화의 대상이지 정치 참여의 주체는 아니라는 것이다. 공자의 위민 정치가 민주주의의 수준에 이르지 못하는 이유가 바로 여기에 있다. 공자의 정치 사상에는 일반 백성에 대한 믿음, 즉 민주주의에서 말하는 평범한 시민에 대한 믿음이 없다. 그러니 공자가 말한 민의도 결국 통치자인 군주가 받아들일 때나 의미 있는 것이지 백성을 의식하지 않고 제 기분만 내는 군주에게는 별 의미가 없는 것이다.

공자가 군주의 권력을 제한하기 위해 제시한 세 번째 방법은 혁명권이다. 도덕성을 강조해도 소용없고 민의의 중요성을 부각시켜도 변화가 없을 때는 최후의 비상 수단으로 혁명을 일으킬 수 있다는 것이 공자의 입장이다. 공자의 군주론은 한마디로 도를 따르는 것이지 군주를 따르는 것이 아니다 [從道不從君]. 도에 어긋나는 정치를 하는 군주는 방벌放伐해도 된다는 뜻이다. 공자가 생각한 군주와 백성의 관계는 상대적인 것으로, 군주가 백성을 사랑해야 백성도 군주를 존경한다. 군주가 백성에 대한 의무를 다하지 못하면 존경받을 자격이 없고, 당연히 백성이 군주에게 복종해야 할 의무도 없는 것이다. 공자는 탕무의 혁명은 하늘의 뜻에 따른 것이고 백성의 바람에 응한 것이라는 말로 혁명권을 옹호했다. 그는 명분과 질서를 중시했고 정치 현실도 충분히 고려했지만 포악무도한 폭군의 자리까지 봐주지는 않았다. 공자의 이러한 혁명권 인정은 군주의 권력을 제한하는 데 상당한 효과가 있다.

정리해보면, 공자의 구상은 정치의 성패가 사람에게 달려있다는 '위정재인爲政在人'이지 제도가 중요하다는 '위정재제도화爲政在制度化'가 아니다. 정치의 성패를 결정할 사람이 바로 군주라고 한 것도 위정재인에서 나온 것이고, 권력을 제한하기 위해서는 도덕성을 강조하고 민의의 무서움을 부각시켜야 하며 최악의 경우에는 폭군을 방벌할 수도 있다고 한 것도 모두 위정재인에서 나온 것이다. 공자는 군주의 권력을 순화시키려 많이 노력했지만 전제 군주 제도라는 틀을 깨지도 못했고 군주의 권력 사용을 견제하는 유용한 제도적 장치도 구상하지 못했다. 그의 구상은 폭군과 탐관오리의 독소 작용을 줄여주는 기능과 이상적인 정치의 청사진을 제공하는 역할은 했을지 모르나 폭군의 문제를 진정으로 해결하지 못했고, 백성을 일치일난一治一亂의 비극적인 순환에서 헤어나게 해주지도 못했다. 물론 균형과 견제의 논리가 보장되는 현대 사회에서도 제도화의 한계를 메워주는 지도자의 도덕성은 여전히 중요하고 아쉽지만, 그렇다고 시종일관 한 인간에게 모든 것을 기대하는 것은 위험하다. 사람에 대해 기대하기보다는 차라리 사람을, 특히 권력을 가진 사람을 불신하고 그 대책을 강구하는 것이 더 현실적이지 않을까. 그러나 공자의 선택은 끝까지 '사람'이었다. 공자가 목표로 한 것은 정치의 악성을 줄이는 것이 아니라 정치의 선함을 최대한 제고하는 것이었기 때문이다. 그리고 공자는 그 역할을 성인 군주에게 맡긴 것이다.

(4) 군주의 직무

군주의 직무란 군주로서 응당 해내야 하는 일을 말한다. 공자가 말한 군주의 직무는 크게 세 가지다. 백성의 안전을 지켜주는 보민, 백성을 먹여주는 양민, 그리고 백성을 가르치는 교민이다. 지켜주고 먹여주는 것이 우선일 것 같지만 공자는 가르치는 것을 가장 중시했다.

먼저 군주의 보민 직무부터 살펴보자. 공자는 족식足食과 함께 족병足兵이 되어야만 백성들이 믿고 따른다고 했다. 또 그는 명분 없는 침략 전쟁 등 무분별한 무력 동원에는 분명히 반대했지만, 방위를 목적으로 한 군사 훈련이나 침략에 대항하는 응전 자체는 반대하지 않았다. 비록 그가 병兵을 상서롭지 못한 것으로 여기기는 했지만, 전쟁이 빈발하던 난세에 무력의 중요성은 간과할 수 없는 것이었다. 다만 그는 보민이라는 직무의 수행에 있어서 두 가지에 유의할 것을 주문한다. 전쟁에 나가야 하는 상황이 벌어질 경우에 인명 피해를 최소화하기 위해 백성들을 평소에 잘 훈련시킬 것과, 훈련이나 동원이 당시의 주된 경제 활동인 농사에 영향을 미치도록 해서는 안 된다는 것이다.

다음으로, 군주의 양민 직무에 대한 공자의 견해는 군사 문제보다는 훨씬 적극적이다. 그는 이해 관계[利]란 소인이나 탐하는 것이라고 생각해서 평소에 먹고사는 문제에 대해 자주 말하는 편은 아니었지만, 군주가 책임져야 할 백성 대다수에게는 먹고사는 문제가 최대의 관심사임을 잘 알고 있었다. 세상에는 굶어도 의연한 군자들만 사는 것도 아니고 먹고사는 문제에 초연한 안회 같은 기특한 제자들만 있는 것도 아니다. 그래서 그는 의리義利 이분법에 따라, 의를 추구해야 할 군주에게는 배부름과 안락함을 구하지 말고 근검절약해서 백성들의 부담을 줄여주라고 하는 한편, 이해 관계에 얽매여 사는 백성들에겐 이로운 정책을 펼 것을 주장했다. 제대로 먹지도 못하는 백성에게 도덕이 어쩌니 하며 가르칠 수는 없는 노릇이다. 춥고 배고픈 문제가 해결되어[溫飽] 어느 정도 체면을 차릴 수 있어야 비로소 덕치를 시도해볼 수 있는 것이다. 그런 의미에서 공자는 우선 부민富民을 제언한다. 그러나 그가 의와 이해 관계를 나누는 이중 기준을 세워 가면서까지 신경을 쓴 양민론의 핵심은 부민보다 균민均民, 즉 균등한 분배였다. 그는 충분하지 않은 것보다는 골고루 나누어지지 않는 것을 더 염려했고, 양민의 혜택이 어느 한 곳에 집중되는 선부론先富論 식의 시책보다는 두루 혜택이 적용되어 많은 사람이 구제되는 쪽을 바랐다.

끝으로 교민의 직무란, 공자가 실현하고자 했던 도덕 정치가 결국은 정치적 감화에 의해 이루어지는 것인 만큼 군주의 직무 중 가장 중요한 것이라 할 수 있다. 공자는 정치가 '바를 정'이라고 했다. 그리고 정치는 명분을 바로 세우는[正名] 작업부터 시작해야 한다고 했는데 이는 정륜正倫, 즉 도덕적 질서를 바로잡아야 한다는 뜻이다. 이것이 공자 정치 사상의 핵심이다. 교민의 방법으로서는 말로만 하는 언교言教보다 군주가 몸소 모범을 보여주는 신교身教가 더욱 효과적이게 마련이다. 백성이 풀과 같은 존재라면 군주는 바람이다. 풀은 바람이 부는 대로 쏠릴 수밖에 없다. 그러니 군주가 반듯하면 굳이 명령을 내려 시위하지 않아도 백성들이 알아서 따르고, 위에 있는 군주가 의롭고 믿음직스러우면 백성들도 덩달아 그렇게 된다는 공자의 생각이 낭만적인 것만은 아니다.

공자가 모범주의인 신교를 강조한 만큼 교민의 내용은 주로 윤리와 도덕 교육이다. 공자는 여러 덕목 중에서도 특히 효를 강조했는데, 사실 공자에게서 효와 제悌는 인의 근본이다. 공자는 《시경》에 나오는 고사를 예로 들어 어버이께 효도하고 형제들과 우애 있게 지내는 것은 한 집안을 다스리는 기본일 뿐 아니라 정치의 기본이라고 하면서, 제자들에게 늘 집에 들어오면 효, 밖에 나가면 제라고 가르쳤다. 효와 제는 이렇듯 가족 관계와 사회 관계를 유지하게 하는 기본 윤상倫常들인데 그 중에서도 효가 더 기본이 된다.

효의 표현 방식과 관련해서는 공자는 어버이가 살아 계실 때와 돌아가셨을 때, 그리고 제사 지낼 때의 세 경우에서 예를 다하라고 가르치고 있다. 우선 어버이가 살아 계실 때의 효에 대해서는 걱정을 끼쳐드리지 않는 것이 효의 시작이며, 단순히 따뜻하게 먹을 것을 해드리는 것 이상으로 어버이를 즐겁게 해드리는 것이 중요하다고 말했다. 어버이가 살아 계실 때는 멀리 나가지 말 것이며, 설령 나가더라도 자기 거처를 분명히 알려드리라고 했는가 하면, 자식된 자들은 어버이가 낳아주신 몸을 아끼고 잘 보전해서 손상되지 않게 하라고도 했다. 이런 주문들의 요지는 결국 부모에게 걱정을 끼치지 말라는 것이다. 그리고 집에서 키우는 개나 소도 먹이는 것은 기본인 만큼 어버이께 술과 음식을 갖다 드리는 것만으로는 효라 할 수 없으며, 물질적 봉양만으로는 부족하다고 했다. 또 어버이를 섬길 때는 항상 얼굴빛을 온화하게 해야 한다고 했다. 즉 마음으로 공경하는 자세를 가져야 한다는 것이다. 뿐만 아니라 어버이의 나이를 몰라서는 안 되며,

이는 오래 사신 것을 기뻐하고 늙으신 것을 두려워하기 위해서라고 했다. 연로하신 어버이의 변화에 늘 주목하라는 뜻이다. 또한 어버이가 돌아가셨을 때는 삼 년 동안 어버이의 뜻을 바꾸지 말아야 한다고 했다. 요즘의 시간 감각으로야 어림도 없는 일이겠지만 당시에도 삼년상이 너무 길지 않느냐는 제자의 불평이 있었는데, 이에 대해서 공자는 자식이 태어나 최소한 삼 년은 부모 품에 있다가 내려올 수 있었던 만큼 그 은혜에 보답하는 의미에서라도 삼 년간 부모의 유지를 기려야 한다고 대답했다. 제사를 통한 효도에 있어서는, 어버이의 은혜에 보답하는 차원에서 살아 계신 것처럼 모시라고 했다. 어버이의 제사는 장례 때와 마찬가지로 자식에게 생명을 준 것에 대한 보답이다.

교민의 직무와 관련해 공자의 주장이 특히 설득력 있게 들리는 것은 그 자신이 배우는 것에 싫증 내지 않았고 가르치는 것을 귀찮아하지 않는 위대한 교육자로서의 본을 몸소 보여주었기 때문이다. 교육의 방법에 있어서 그는 우선 당시 일반적이었던 귀족 교육의 벽을 허물고 누구든지 신분에 관계없이 교육을 받을 수 있도록 평등 교육과 열린 교육을 실천해 보였다. 또한 그는 제자들을 계발하고 훈도했을 뿐 아니라 종일토록 인, 효, 군자와 같은 주제를 하나 정해놓고 제자들과 토론을 벌였으며, 제자들 각자의 눈 높이에 맞추어 교육했다. 공자는 교육이 정치의 악성을 해소하고 교화教化

가 권력을 대신하는 정치를 기대했으며, 또 그 실현을 위해 직접 애써 보였다. 이렇듯 교육의 효용을 깊이 신뢰한 것이 공자 사상의 한 특징이기도 하다.

(5) 군주의 행위

군주의 행위란 군주가 본분에 맞게 갖추어야 할 기본 태도와 행동을 말한다. 군주의 행위는 군주가 일상적으로 수행하는 직무와는 달리 좀더 규범적이고 이상적인 성격을 지닌 것이다. 말하자면 이상 군주론이다. 공자는 군주에게 군사부君師父 일체의 역할을 기대했다. 즉, 백성의 임금이자 스승이자 어버이로서의 군주를 기대했다. 군주가 신하와 백성의 도덕 교과서로서 모범이 되어야 하는 만큼 군주에게 이런저런 요구도 많았다. 군주의 모범은 요, 순, 우 임금이었다. 이들 이상적 군주가 세워놓은 표준과 공자가 군주에게 기대한 태도 및 행동거지의 내용은 아랫사람을 예로 대할 것, 검소하고 절약할 것, 마음을 크게 먹고 의연하되 교만하지 말 것, 간언을 진지하게 경청할 것, 사사로운 이익에 얽매이지 말 것, 깊이 생각하고 멀리 내다보며 행동하는 것을 생활화할 것 등이다.

어느 시대에나 문제 의식을 가진 진지한 사람들의 눈에는 세상이 경박해 보이게 마련이지만, 특히 공자는 버릇없이 무한 것이나 경박하게 구는 것을 아주 싫어했다. 그래서 군왕이 아닌 제자들을 가르치면서도 이 점을 유난스레 강조했다. 교화의 준거가 되는 군주에 대해서는 더 말할 것도 없었다. 공자는 먼저 군주가 예로써 신하를 대하는 것은 신하가 충심으로 군주를 섬기는 것과 똑같은 이치라는 군신 관계의 상대론을 전제한 후, 이상적 정치라는 것은 성군聖君의 무위無爲와 현신賢臣의 유위有爲가 조화되어야 가능하다는 역할 분담론도 아울러 제시했다. 그러니 신하란 단순히 말 잘 듣는 졸개가 아니라, 오히려 군주가 삼고초려를 해서라도 모시고 와야 할 보좌역인 것이다. 이렇듯 현명하고 능력 있는 인재들을 널리 등용하려면 군주는 사람을 판별하는 능력과 더불어 예로써 그들을 초빙하고 대하는 자세도 갖추고 있어야 한다. 공자는 순 임금과 무 임금이 천하를 태평하게 한 것은 현신들의 보좌 덕분이었다고 말한 바 있는데, 여기에는 신하들의 공로를 치하하는 뜻도 담겨 있지만 또 한편으로는 군주가 신하들을 믿고 예를 다해 대했기 때문에 그들이 능력을 십분 발휘할 수 있었다는 뜻도 담겨 있다.

군주의 다음 행위는 근검절약인데, 공자가 보기에는 우 임금이 그 대표적 실천자였다. 우 임금은 험한 의복을 입고 거친 음식을 먹고 허름한 궁전에 살면서 밤낮없이 백성들을 구휼하는 일에 전력했다.

그 다음으로 군주가 보여주어야 할 행위는 의연하면서도 교만하지 않은 태도이다. 사실 의연하지 못하면 다른 사람에게 신뢰감을 주지 못하고, 교만하면 다른 사람의 장점을 배우지 못하게 된다. 그래서 공자는, 군자는 의연하면서도 교만하지 않지만 소인은 교만한데다 의연하지도 못하다고 했다. 또 공자는 다섯 가지 미덕을 갖추면 정치에 나설 수 있다고 했는데 그 중 한 가지가 의연하지만 교만하지 않은 것이다. 물론 이 말들은 공자가 꼭 군주를 겨냥해 한 것은 아니고, 군자 수련을 하는 사람이나 정치에 투신하려는 사람을 상대로 한 것이다. 하지만 공자의 군주론으로 미루어 생각하건대 이것 또한 당연히 군주가 갖추어야 할 태도에 속할 것이다. 이러한 태도는 군주가 허심탄회하게 주위의 간언을 경청하는 태도와도 연결된다. 권력의 정점에 있으면서 자신의 결점에 대한 충고나 밑바닥 민심에 대한 가감 없는 보고에 진지하게 귀 기울이는 일이 쉽지는 않다. 그러나 공자는 정공이 나라의 흥망을 결정하는 요인에 대해 물었을 때, 군주가 충언에 귀 기울이지 않으면 나라가 망할 것이니 사람들이 할말을 다 할 수 있도록 언로를 열어놓으라고 제언했다.

끝으로 공자는 군주에게 사사로운 이익과 작은 욕심에 얽매이지 말고 너그러움과 공평무사함을 실천하며 널리 그리고 멀리 내다볼 것을 주문했다. 당대에 의지할 만한 군주를 만나지 못했다는 것은 공자의 불행 중 하나였다. 그가 보기에 당대의 군주란 자들은 하나같이 그릇이 작고 인색한 좀팽이들일 뿐이었다. 그래서 그는 주공의 예를 들면서, 관대함과 넓은 덕량 그리고 공평무사함을 보여주어야 민심을 얻을 수 있다고 했다. 심모와 원려가 없으면 눈앞의 걱정이 있을 뿐이라는 사실은 평범한 사람도 살면서 통감하는 것이다. 하물며 천하를 책임져야 할 군주가 눈앞의 작은 이익에 치우쳐서는 안 될 일이다. 더욱이 덕치의 실현이란 하루이틀의 공으로 되는 일이 아니다. 이를 위해선 장기적인 노력이 있어야 한다. 공자는《논어》곳곳에서 서두르지 말 것과 널리 보고 깊이 생각할 것을 권하고 있다.

4. 공자의 빛과 그림자

동전에만 양면이 있는 것은 아니다. 사람도 누구나 성聖과 속俗의 양면을 갖고 있게 마련이고, 그런 양면성을 가진 인간들의 고민인 만큼 사상이나 철학에도 양면성이 있을 수밖에 없다. 공자의 사상과 행적도 마찬가지고, 결국 그에 대한 평가도 양극단을 면할 수 없다. 이를테면 중국이 안고 있는 문제는 이것저것 가릴 것 없이 죄다 공자 탓이라는 비공批孔[143]이나 타도공자점打倒孔子店의 평가가 있는가 하면, 이와는 반대로 오늘날 중국이나 동아시아가 압축적인 고속 성장을 하고 있는 것은 공자를 교주로 하는 유교 자본주의 문화가 배경이 되어주고 있기 때문이라는 평가도 있다. 두 가지 평가 모두 일리가 있다. 사실 생명력이 긴 사상은 한 시대를 풍미하고 끝나버리는 유행과는 다르다. 2,000년 동안 통치 이데올로기로서 작용해온 공자의 사상은 지금도 중국의 정치, 경제, 사회에 긍정적 또는 부정적으로 작용하고 있다. 그렇다면 공자가 남긴 빛과 그림자가 무엇인지를 한번 정리해보는 것으로 해제를 끝맺고자 한다.

공자의 그림자 중 무엇보다 먼저 지적되는 것은 공자가 백성의 위상을 인정해주지 않았다는 것이다. 그의 군주 위주의 사상은 결국 중국의 정치 문화를 소극적인 복종형 문화로 만들었고, 그만큼 시민적 정치 의식의 출현을 더디게 했다. 사실 공자는 제대로 된 정치는 군주, 관리, 백성이라는 세 주체의 협조와 조화를 통해 이루어진다고 말했지만 진정한 의미에서 백성들을 정치의 주체로 여기지는 않았다. 백성이란 소인들의 집단, 즉 우민이라고 생각했다. 따라서 그들에게 염치와 예의를 가르치려고는 했지만 직접 정치에 참여하라고 그들을 선동하지는 않았다. 이것이 시민 사회의 형성을 더디게 한 하나의 원인일 수 있다. 뿐만 아니라 군주에게만 무한 책임을 부과한 공자의 군주론은 그 무한 책임감이 무한 지배욕이나 무한 권력욕으로 돌변하는 그 순간 독재로 변질돼버린다는 함정을 안고 있기도 했다.

그러나 공자가 처했던 시대 상황과 그의 고민을 들여다보면 이후의 중국의 전제 정치를 공자 탓으로만 돌릴 수는 없게 된다. 공자는 나름대로 최선을 다했다. 그는 신분 질서가 지배하던 사회에서 귀족 중심의 교육 대신에 능력 위주의 평민 교육을 몸소 시행했고, 성취도에 따라서 누구든 정치에 참여할 수 있다는 성취 지향의 모형을 제시했다. 그의 생각은 자격을 갖춘 사람이 통치자가 되어야 한다는 것, 그리고 역할과 책임으로 볼 때 통치자가 백성보다 더 중요하다는 것에 초점을 두었지만 그렇다고 일반 백성의 성취 가능성을 무시하거나 그들의 상향 유동 자체를 봉쇄한 것은 아니었다. 일반 백성도 누구나 배우고 익히고 다듬어 군자가 되면 사士도 되고 경대부卿大夫도 되고 나아가 군주도 될 수 있다는 개방성이 그의 생각에 담겨 있었다.

다음으로 지적되는 공자의 그림자는 정치의 영역과 도덕의 영역을 섞어놓아서 정치의 영역이 그 자체로 발전되는 것을 저해했다는 것이다. 사실 공자의 처방과 구상에는 다분히 낭만적인 데가 있다. 공자는 정치의 악성도 잘 알고 있었고 당대의 군주들이 소인이다 못해 밴댕이만큼 속이 좁은 형편없는 존재들이란 것도 잘 알고 있었다. 그럼에도 적나라한 정치의 문제를 정치의 논리로 풀려고 하기보다는, 정치를 도덕의 연장으로 생각해서 도덕의 논리로 풀려고 했다. 정치의 논리로 푼다는 것은 인성의 선함을 신뢰하든 안 하든 권력 작용을 규제하는 제도적 장치를 마련하는 것을 말한다. 즉 어떤 형식으로든 권력을 제도화해서 정치의 악성을 방지하려 한다는 뜻이다. 그런데 공자는 기본적으로 정치의 독자적 위상을 인정하고 제도로써 정치의 악성을 방지하려 하기보다는 정치를 도덕의 종속 변수로 삼아 도덕으로 그것을 해결하려 했다. 더구나 이 도덕 영역의 논리라는 것도 막상 현실 정치 영역에 적용하자면 그렇게 쉬운 것이 아니다. 공자 자신도 평생을 통해 성취한 것을 세습 군주들에게 요구하는 것은 아무래도 무리다.

그러나 공자는 나름대로 군주의 도덕적 훈련을 도와줄 여러 방안을 제시했다. 비록 도덕적 수양 과정이 평생에 걸친 어려운 공부이긴 하지만 그래도 교과서로 삼을 만한 선왕들의 행적을 소개했는가 하면 수신의 구체적인 내용과 방법론도 제시했다. 게다가 최악의 경우 혁명도 가능하다고 했으니 공자로서는 최선을 다한 셈이다. 공자가 추구한 것은 정치의 악함을 줄이려는 노력이 아니라 정치의 선함을 제고하는 방법이었다.

2003년 현재 공자는 중국 대륙에서 부활하고 있다. 중국 정부가 공자를 재평가하는 이유는 아주 정치적이고 복합적이다. 우선은 흔들리고 있는 체제를 안정시키는 데 공자의 논리가 보탬이 된다고 생각했기 때문이다. 유가가 초안정적으로 왕조 체제를 지킨 것은 안정성과 위계 질서를 강조한 덕분이었다. 또 배우고 나면 출사해서 지식을 사회화해야 한다고 강조했던 공자와 그 제자들의 우국지정은 지식인들의 참여와 지지가 아쉬운 중국 공산당에게 빛과 같이 소중하다. 또한 공자는 문인 정치를 강조했다. 문인 정치의 전통은 군에 대한 당의 우위와 영도를 견지하게 해주는 근거가 된다. 게다가 공자가 강조한 군자 관리론은 지금 중국 체제를 위협하고 있는 부패 문제를 해결하는 유용한 도구일 수도 있다. 본을 보이는 군자 관리, 부끄러움을 아는 군자 관리는 중국이 당면한 치명적인 문제인 부패를 해소하는 가장 중국적인 방법이기도 하다.

사실 공자의 빛은 그림자보다 더욱 돋보인다. 우선 공자가 보여주었던 지식인의 투철한 소명 의식은 현실이 더 망가지지 않도록 해주는 방부제 역할을 해왔고, 또한 공자에게서 비롯된, 지식과 교육을 중시하는 주지주의적 전통은 문화를 풍부하게 해주었다. 여기서는 주지주의적 전통에 대해서만 간단히 언급하고자 한다. 공자는 평생 배움과 가르침에 정진하는 태도를 견지해 지성을 중시하는 전통을 세웠다. 그후 유학이 통치 이데올로기가 되면서 사람을 등용할 때는 반드시 일정한 지식 수준을 요구하는 제도가 생겼다. 바로 과거 제도다. 통계에 따르면 명나라 초기 백 년 동안 뽑힌 진사 중에 평민 가정(평민 가정이란 삼 대 동안 관리가 안 나온 집안을 말한다) 출신이 60퍼센트였다고 한다. 이 사실은 누구든 지식만 갖추면 정관계에 나갈 수 있었음을 보여준다. 특히 과거 시험 지원자들이 달달 외운 경전이 모두 유가 경전이고,

그 유가의 핵심이 교화이며, 교화는 지식과 떨어질 수 없다는 것을 생각하면 분명 중국에서 주지주의적 전통이 강했다고 할 수 있다. 여러 직업 중에서도 지식을 추구하는 직업을 최고로 생각해온 전통은 오늘날 동아시아가 압축적으로 고도 성장을 이룩할 수 있도록 도와주는 문화적 원동력으로 작용하고 있다. 왜 동아시아 지역에서는 많은 가치 중에서 유난히 교육이 중시되었을까? 좀더 구체적으로 어떻게 값싸고 질 좋은 노동력이 확보될 수 있었을까를 설명하는 근거가 되는 것이다.

끝으로 한 가지만 더 부연하고 싶다. 현대 바둑계에 우칭웬吳淸源이란 대가가 있다. 바둑의 패러다임을 바꾼 살아 있는 기성碁聖이다. 그는 '바둑이 뭡니까'라는 질문에 '바둑은 조화입니다'라고 대답했다. 조화는 바둑에서뿐 아니다. 개인의 삶에서나 사회에서도 조화는 공자와 그의 후학들이 추구해온 가치이고, 유학이 지금까지 힘을 갖게 된 이유이기도 하다. 조화와 역동적인 균형 감각(중용), 이것이 곧 공자가 남겨준 가장 큰 빛 중 하나가 아닐까 생각한다.

1 이 구절, 논어의 처음과 끝을 관통하는 정신인 호학好學을 촌철살인
   적으로 표현한 대목이다. 배우고 때맞춰 익힌다는 말은 배움이란
   한 번 듣고 보는 것으로 끝나는 작업이 아니라 반복적으로 계속되
   는 긴 공부 과정임을 의미한다. 사실 학學은 습習이란 말과 붙어 다
   닐 수밖에 없다. 습이라는 한자를 보면 '날개 우羽' 밑에 '날 일日' 자
   가 있다. 새가 매일같이 날갯짓을 하듯 배움도 늘 부지런히 때맞춰
   익혀야 한다는 뜻이다. 안중근 의사가 손바닥 인장을 찍어 쓴 족자
   에서 볼 수 있는 '하루라도 독서를 안 하면 입에 가시가 돋는다'는
   말도 이런 뜻이다.

   그런데 여기서 잠시 지금 중국 대륙에서 사용되는 간체자에 대해
   한마디 하고 넘어가야 되겠다. 습이란 글자에서 보듯 중국 고전을
   익히는 데 있어서 뜻글자로서의 한자는 상당한 의의가 있다. 날개
   우와 날 일의 결합, 그것만으로도 의미가 눈에 들어온다. 문제는 지
   금의 간체자는 습자를 习으로 쓰고 있다는 것이다. 이렇게 쓰면 글
   자 모양만으로는 학습의 습을 설명할 길이 없다. 비단 습자만이 아
   니다. 간체자는 우선 뜻글자로서의 중국어의 가치를 잃어버렸다.
   게다가 획수를 줄였다고는 하지만 알파벳만큼 편리한 것도 아니다.
   뜻도 편리함도 다 놓치고 정체불명의 어중간한 기호만 남은 셈이

다. 중국의 간체화 작업은 실패한 언어 운동이다. 마오쩌둥毛澤東의 어록을 읽는 데는 간체자만으로 충분할지 모르겠으나 고전을 읽으려면 정체를 익혀야만 한다. 간체화는 문맹률을 낮추는 데 기여했는지는 몰라도, 결국은 국민을 무식하게 만드는 우민 정책이 아닐까 싶다.

2　공자의 제자로 성은 유有, 이름은 약若이다. 공자의 어록을 모은《논어》에 공자 외에 자子(선생님이란 칭호)를 붙여준 공자의 제자는 유약과 증삼, 염자 세 사람뿐이다. 이들(유자와 증자와 염자)의 제자들이《논어》편찬에 참여했다는 뜻이다.

3　공자의 제자 중 가장 오래 살았다. 이름은 삼參이다. 공자보다 46세 어렸다. 아버지 증석曾晳도 공자의 초기 제자였다.

4　천승의 나라란 '전차 천 대를 가진 나라'라는 뜻으로, 제후국을 가리킨다. 이 책 주 35 참조.

5　공자보다 44세 연하인 후기 제자다. 성은 복卜, 이름은 상商이다. 자가 자하다.

6　성은 진陳 이름은 항亢이다. 공자의 제자는 아니었던 것 같다.

7　공자의 제자 중 가장 부유했다. 성은 단목端木이고 이름은 사賜이다.

8　노나라의 대부다. 당시 정치를 농단하던 3인의 실력자 중 한 사람이었다.

9　공자의 제자로, 이름은 수須이고 자는 자지子遲이다.

10　맹의자의 아들이다. 〈공야장〉 편을 보면 맹무백이 공자의 제자들을 등용하려고 공자에게 이것저것 묻는 대목이 있다.

11　공자의 제자로, 성은 언言이고 이름은 언偃이다.

12　공자가 가장 아꼈던 제자. 30대 초반에 요절해서 공자를 슬프게 했다.

13　공자가 안회를 보고 좀 아둔한 게 아닌가 오해했던 것은 안회가 워

낙 공력이 깊어 공자가 무슨 말을 하건 별 반응 없이 다 받아들이기
만 했기 때문이다. 그래서 스승으로서는 도대체 알고 수용하는 건
지 그냥 알겠다는 건지 확인할 길이 없었는데 나중에 보니 이미 설
명이 필요 없는 대가더라는 뜻이다.

14 공자의 제자 중 가장 괄괄하고 호방한 사람이다. 성은 중仲, 이름은
유由이다. 공자는 자로의 급한 성격과 지나친 강직함을 우려했는데,
결국 자로는 공자보다 9세 연하인데도 먼저 죽었다.

15 공자의 후기 제자다.

16 노나라의 임금이다. 정공定公의 아들로 27년간(기원전 494~466)
재위했다.

17 노나라의 대부로, 애공 시대의 실력자 3인 중 가장 유력한 인물이었
다.

18 당시 노나라의 실권자 계손 씨 집안의 한 사람인데, 계평자인지 계
강자인지 아니면 계환자인지 확실치 않다. 여기서 그 인물이 구체
적으로 누구인가는 그다지 중요하지 않다. 문제는 대부가 천자나
할 수 있는 행사를 버젓이 하고 있다는 것이고, 공자가 이렇게 질서
가 무너진 것을 개탄하고 있다는 것이다.

19 노나라 사람이란 것 말고는 별로 알려진 것이 없는 인물이다.

20 중국인들의 문화적 우월감을 보여주는 대목이다. 중원이 무질서하
고 망해간다 해도 질서 잡힌 오랑캐 나라보다 낫다는 자부심을 볼
수 있다.

21 이름 없는 사람 임방도 예의 본질에 대해 묻는데, 하물며 천하의 태
산이 계씨의 외람된 제사를 그대로 봐준다는 말인가 하고 개탄하는
대목이다.

22 건국의 아버지를 모신 사당인 태묘에 올리는 가장 큰 제사로, 천자
만이 거행할 수 있었다. 그런 나라 최고의 의례조차 예를 잃고 혼란

스러운 지경이니 일상적인 질서는 얼마나 무너져 있겠는지 한탄하는 대목이다.

23 노나라 애공처럼 실권 없는 임금이었던 위나라 영공의 대신이다. 공자가 힘없는 정통 군주에게 깍듯하게 하는 것을 두고 비아냥거리며 묻고 있다.

24 옛날에는 활쏘기를 할 때 정곡을 맞히는 정확도가 가장 중요했다. 과녁을 정확히 맞히는 것이 과녁을 뚫는 것보다 훨씬 의미 있었다. 그런데 이제 세상이 험악해져서 과녁으로 사용되는 가죽을 뚫지 못하면 아예 맞힌 것으로 간주되지도 않는다. 활쏘기도 솜씨만을 겨루는 낭만적인 놀이에서 힘 자랑을 하는 놀이로 바뀌어버린 것이다. 세상은 계속 각박하고 살벌해져간다. 공자가 이상理想적인 시대로 여긴 주나라의 전성 시대로부터 멀어질수록 세태는 더 망가져가고 있다는 공자의 역사 인식을 보여주는 한 대목이다.

25 애공의 아버지이자 소공昭公의 동생이다. 형에 이어 왕위에 올라 노나라를 15년간(기원전 509~495) 통치했다.

26 사는 땅의 신, 직은 곡식의 신을 말하는데, 왕궁 왼쪽엔 종묘, 오른쪽엔 사직을 두어 보통 종묘사직 하면 나라를 뜻해왔다. 이 사직의 신주神主로 나무 위패를 세웠는데, 애공이 이와 관련해 재아에게 묻는다.

27 공자가 특히 경계했던 일 중 하나가 말을 경솔하게 하는 것이다. 내용 없이 겉만 번지르르한 말, 책임지지 못하는 지나친 말, 때와 장소를 가리지 못하는 경우 없는 말을 경계했다. 공자는 제자들에게 차라리 눌변이 낫다고까지 말했다. 그런데 제자들 중 재아는 언변이 뛰어난 사람이다. 끈기 있게 물고늘어져 연구에 몰두하는 형은 아니지만 번득이는 언변을 갖고 있었다. 열을 알아도 두어 개밖에 말 못하는 사람이 있는가 하면 두어 개밖에 몰라도 열을 아는 것처럼

말하는 사람이 있는데 재아는 후자의 경우라 할 수 있다. 그런 재아가 임금 앞에서 앞뒤 안 가리고 넙죽넙죽 대답했음을 알게 된 공자가 한탄하는 대목이다. 공자는 어디서든 할 말을 분명히 하는 사람이었다. 그 표현 방식이 직접적이든 은유적이든 말이다. 제자들의 언행에 대해서도 에누리가 없었다. 그런데 재아에 대해서는 제자이지만 유난히 불만스러웠던 것 같다. 《논어》에는 재아와 관련해서는 공자가 재아를 야단치는 얘기만 언급되어 있다. 교언영색巧言令色을 꾸짖고, 무겁지 않으면 군자가 아니라고 지적하는 공자의 목소리가 들리는 듯하다.

28 제齊나라 환공桓公을 춘추 시대 패자覇者로 만든 공신이다. 친구인 포숙아의 도움을 많이 받았고, 관포지교란 말을 낳은 당사자이다.

29 순 임금의 덕을 칭송한 음악이다. 순 임금은 요·순·우 선양설의 중앙에 위치한 인물로, 요 임금으로부터 선양받아 다시 우 임금에게 선양한, 공자의 이상 속의 성군이었다. 그의 됨됨이와 업적이 소에 담겨 있다.

30 공자의 제자로, 공자의 사위가 되었다. 성은 공야, 이름은 장이다. 기개 있고 곧아 정치적 핍박을 받았다.

31 공자의 제자로, 공자의 조카사위가 되었다. 남궁괄南宮适이라고도 불렸고, 자는 자용子容이다. 공자가 군자라고 칭찬했던 제자다.

32 공자의 제자로 공자보다 49세 연하였다. 성은 복宓, 이름은 부제不齊다.

33 공자가 정치를 맡길 만하다고 칭찬했던 제자다. 자는 중궁仲弓이다.

34 성은 칠조이고 이름은 개이다. 자는 자개子開 또는 자약自若이다. 스승이 벼슬자리를 구해줬는데도 자격 미달이라며 스스로 사양하는 인물이다. 공자는 이런 제자를 아꼈다.

35 백승, 천승, 만승의 승乘은 말 네 마리가 끄는 전차를 말한다. 백승의

고을이란 전차 백 대를 보유한 대부 가이고, 천승의 나라는 전차 천 대를 가진 제후국이다. 만승의 나라는 곧 천자의 천하다. 백승 대부 가를 맡을 만하다는 것은 오늘날 광역 지방자치단체장 정도는 너끈 히 맡을 수 있다는 뜻으로 보아도 무방하다.

공자 시대는 이미 천자의 위엄이 없어지고 강력한 제후들이 번갈 아 일어나 천자를 업고 실력 정치를 하던 때다. 제후들이 천자를 능 멸하던 상황이니 그 아래 대부들이 실력으로 제후를 능멸하는 일도 일반적이었다. 그렇다 보니 공자의 시대에는 전국적으로 수백 개의 제후국과 대부 가가 난무했다. 진나라가 천하 통일을 이루기 전 전 국적으로 이른바 전국 7웅 외에도 나라라고 불리는 것이 300개 정 도 있었다고 한다. 공자 시대의 인구는 3,000만 명 정도로 추산된 다. 이 숫자는 맹자의 표현에 따르면 들판에 해골이 뒹굴 정도로 겸 병 전쟁이 잦던 전국 시대를 거치고 이어 진나라의 압정과 유방, 항우의 초한 쟁패를 지나면서 반으로 급감했다. 그러다가 한나라가 천하를 다시 통일하고 초기 70년을 방임적인 황로 사상(도가 사상 의 현실 변용이라 할 수 있다)으로 치유하면서 다시 인구가 불어나기 시작해 서기 1세기에는 인구가 5,000만이 된다. 이후 중국은 세계 인구의 5분의 1 수준을 유지해왔다. 예나 지금이나 중국 땅엔 사람 이 많다.

36 당시의 실력자 맹무백이 공자의 제자 중에 인재가 있으면 충원하려 고 스승인 공자에게 이것저것 묻는 대목이다. 공자는 언제나 그렇 듯이 괜한 말을 하지 않는다. 내 제자가 내 한마디의 추천에 의해 발 탁되든 안 되든 정직하게 사실을 말할 뿐이다. 사람 됨됨이를 묻는 질문에 됨됨이는 잘 모르겠지만 이런 능력과 재주는 있다고 대답한 다. 물론 인仁의 경지에 이르는 게 그리 쉬운 일이 아님을 반증하는 것일 수도 있다. 그리고 비록 실권 없는 군주라 해도 당시의 정통 군

주가 물었다면 공자의 대답은 달랐을 수 있다. 하지만 과연 공자의 이런 대꾸가 스승의 의무를 다하는 것이었을까? 스승은 의혹을 깨우쳐주어야 하고, 도를 알려주어야 한다. 그러나 여기에 그치지 않고 더 나아가 업業을 주어야 한다. 취직을 시켜주어야 한다는 뜻이다. 제자를 취직시키려면 제자의 실력보다는 좀 부풀려서 얘기하더라도 리크루트 담당자의 맘에 들게 해야 한다. 더욱이 사람 됨됨이를 묻는데 그건 잘 모르겠다고 하면 이는 책임지지 않겠다는 말이 아니겠는가. 더욱이, 공자가 뗏목 타고 이민이라도 가고 싶은 참담한 상황에 처했을 때도 꼭 따라 나설 정도로 무조건적으로 공자를 따랐던 자로에 대해서까지 됨됨이를 모르겠다고 한 것은 지나친 감이 있다. 백 보 뒤로 물러나 생각해봐도 공자가 제자들에 대한 평가에 인색했던 것만큼은 사실이다. 임금이 될 만하다고 칭찬한 염옹과 멍청해 보이지만 속이 꽉 찼다며 유난히 아낀 안회 정도를 제외하고는 공자는 제자들을 죄다 불만스러워했다.

개인적으로, 제자들을 맘껏 취직시키지 못하는 무력감에 내가 괜히 공자 탓을 하는 것인지도 모르겠다. 내가 공자 같은 스승이 못 되면서 공자의 제자관을 평가하는 것은 외람되다. 하지만 잘되면 내 탓, 잘못되면 공자 탓이라고 하던가. 공자는 이래저래 괴롭다.

37 공자의 제자 중 하나인 신당申黨으로 보는 설도 있고, 당시의 힘있는 무인쯤으로 보는 견해도 있다.

38 오늘 배운 것도 제대로 실천 못했는데 거기다가 다른 것까지 배우면 어떻게 하나 걱정하는 장면이다.

39 위衛나라의 대부다.

40 춘추 시대 정鄭나라의 명재상으로 22년간 집정하면서 뛰어난 정치력과 외교력을 발휘했다. 관중에 버금가는 인물이다.

41 안영晏嬰, 곧 안자다. 초나라 특사로 갔을 때 '강남에 심었던 유자가

강북에 심으면 탱자가 된다'는 유명한 고사를 낳은 인물이다. 그의 임기응변과 관련된 에피소드가 많다.

42 노나라의 대부다.

43 예전에는 중요한 정책 결정시 거북점을 쳤는데 그 도구인 거북 껍데기를 모아놓은 창고를 사치스럽게 치장했다는 뜻이다.

44 공자의 역할론이 드러나는 구절이다. 공자는 위계 질서가 깨지고 지위와 역할간에 갈등이 생긴 현실을 한탄했다. 그리고 정통 군주의 자리가 허세가 되고 실력 있는 제후와 대부들이 하극상하는 것을 극히 경계했다. 정명正名으로 표현되는 그의 역할론을 단순명료하게 집약한 한마디가 곧 '군군신신부부자자君君臣臣父父子子'이다. 임금은 임금다워야 하고, 신하는 신하다워야 하며, 어버이는 어버이다워야 하고, 자식은 자식다워야 한다. 두 개씩 중복된 이 글자들 중에서 앞 글자에 해당하는 군신부자는 지위를 규정하는 것이고 뒤의 군신부자는 역할을 규정하는 것이다. 임금의 자리에 있는 사람은 그 임금의 역할을 제대로 해야 임금이라 할 수 있고 신하, 어버이, 자식의 경우에도 모두 그렇다. 모두가 제 지위와 역할에 충실한 사회, 이것이 공자가 생각한 제대로 된 사회다. 물론 공자의 위계 질서는 타고난 신분으로 평생 고정되는 폐쇄적인 질서는 아니다. 후천적인 노력 여하에 따라 얼마든지 상향 이동이 가능하고 또 잘못하면 하향 이동도 가능한, 열려 있는 질서다. 그럼에도 공자는 제 역할과 분수를 지키는 것이 질서의 기본이라는 점은 분명히 했다. 그런데 세태가 뒤틀려 일개 대부인 장문중이 임금이 하는 행동을 흉내 내고 있으니 이 어찌 통탄할 일이 아니겠는가. 더욱이 장문중은 당시 지혜로운 사람으로 이름이 나 있었는데, 거북 껍데기 창고를 짓고 그것을 온갖 사치스런 조각으로 치장하는 등 임금이나 할 수 있는 일을 하는 이런 사람이 과연 지혜롭다는 것이냐 하고 공자는

비판하고 있다. 이 구절은 〈팔일〉 편에 나오는, 대부들이 임금이나 추게 할 수 있는 팔일무를 제 집 마당에서 추게 하는 것을 비판한 대목과 일맥상통한다.

45 초楚나라 재상을 영윤이라 불렀다.

46 성은 투鬪, 이름은 누어도穀於菟이다. 28년 동안 영윤을 하면서 몇 번 면직과 재임명의 고비를 겪었다.

47 최자는 곧 최서다. 최서가 임금을 시해했다는 이 이야기는 중국 지식인들의 역사 의식을 보여주는 좋은 예다. 최서가 임금을 죽이자 사관이 '최서가 임금을 시해했다'고 기록했다. 최서는 그 사관을 죽였다. 그 사관의 동생이 다시 사관이 되어 똑같이 '최서가 임금을 시해했다'고 적었다. 최서는 그 동생 사관도 죽였다. 다시 또 다른 동생이 사관이 되어 형들과 똑같이 사관의 임무대로 '최서가 임금을 시해했다'고 썼다. 질려버린 최서는 더 이상은 어쩔 수 없었고, 최서가 역사를 기록하는 사람을 다 죽였다는 소문이 경향 각지에 퍼지자 선비들이 너나없이 궁궐로 몰려와 시위했다.《논어》의 이 구절은 최서에게 초점을 둔 것이 아니고 진문자陳文子의 맑음을 언급하는 대목이지만, 최서의 임금 시해 이야기는 이후 중국 지식인들이 왜 그렇게 역사에 목을 매는가를 보여주는 적나라한 증거가 된다. 공자의 경우에서도 볼 수 있듯이 중국 유가 지식인들은 인격신人格神을 믿지 않았다. 그들은 인간사를 주재하는 초월적 존재를 인정하지 않았다. 순자荀子 같은 사상가도 나라가 망하고 흥하는 것은 백성의 마음을 얻느냐의 여부에 달린 것이지 하늘에 달린 것이 아니라고 분명히 말하고 있다. 인격신을 상정하지 않으면 마지막으로 기댈 곳은 어디일까? 최후의 심판의 기능을 어디에 맡길까? 중국 지식인들은 심판의 기능을 역사에 맡겼다. 당대의 울굴함과 원한을 철저하게 기록해 후세에 전함으로써 언젠가 재평가받기를 기

대했다. 궁형을 당한 사마천이 이를 악물고《사기史記》를 완성한 것
이나, 이후 그 많은 충신 열사들이 뜻이 꺾인 다음에도 한과 꿈이 담
긴 기록을 구구절절 남긴 것이나 모두 역사의 심판 기능을 기대했
기 때문이다.

그런데 이 엄청난 기록들은 한편으로는 마냥 고마운 것이지만 또
한편으로는 후세의 연구자들에게 끔찍한 숙제가 되고 있다. 중국
학이란, 그 학문의 어렵고 쉬움을 떠나, 일단 엄청난 기록을 섭렵해
야 한다는 사실로 사람을 질리게 만드는 것이다. 게다가 자기 기록
의 권위를 높이려고 자신의 실명이 아닌, 본 적도 없는 옛 성현의 이
름으로 기록을 남긴 경우들도 있어서 위서가 매우 많다. 아예 위작
여부만을 전문적으로 고찰한《위서통고僞書通考》란 책이 있을 정도
다. 막강한 역사 의식에 옛것의 권위에 의탁하려는 경향까지 더해
져서 중국학은 그 자체로 자료의 바다가 되고 있다. 잘못하면 숨 한
번 제대로 못 쉬고 그냥 바닷물 속에서 허우적거리다 끝날 수도 있
다.

48 제나라의 대부다.

49 노나라의 대부로, 공자 이전 사람이다(기원전 ?~568).

50 위나라의 대부다. 주군인 위 성공成公이 힘든 망명 생활을 할 때 끝
    까지 지켜주었고, 나중에 귀국해서도 지혜롭게 처신했다.

51 이 책 주 74 참고.

52 《장자莊子》,《전국책戰國策》등에 미생고라는 사람이 융통성 없이
    신의를 지키다 목숨을 잃은 이야기가 나온다. 연인과 다리 밑에서
    만나기로 약속한 날, 물이 불어 강이 넘치는데도 신의를 지키려 하
    다가 결국 다리 기둥을 끌어안고 익사했다는 얘긴데, 바로 그 미생
    고인 것 같다.

53 좌구명은《춘추좌씨전春秋左氏傳》과《국어國語》의 저자라고 전해진

다. 특히 사마천은 《사기》에서 좌구명이 실명하고 나서 《국어》를 썼다며 동질감을 표한 바 있다. 문제는 《춘추좌씨전》과 《국어》의 저자가 문장으로 볼 때 동일인일 수 없다는 것, 또한 두 책 모두 후대의 저작으로 판명되고 있어 공자 이전 인물인 좌구명의 저작일 수 없다는 것이다.

54 고증할 자료가 없는 인물이다. 여러 설이 있지만 다 확실치 않다. 단, 백자伯子라고 불리고, 또 '그 백성을 다스린다'라고 한 것으로 봐서 경대부의 자리에 있었던 인물임에는 틀림없다.

55 안회가 명이 짧아 스승보다 먼저 죽은 탓에 공자는 말년에 크게 상심했다. 비록 제자이지만 호학하는 동학으로서 안회와 어깨를 견주며 지내기를 바랐던 공자로서는 상실감이 꽤나 컸던 것 같다. 여러 기록에 의하면 안회가 죽었을 때 공자의 나이 71세였다. 어떤 기록(《사기》의 〈중니제자열전仲尼弟子傳〉에는 공자와 안회가 서른 살 차이라고 기록되어 있다)은 안회가 41세에 죽었다고 하고, 또 어떤 기록(《공자가어孔子家語》)은 31세라고도 한다. 안회가 정말 공자를 능가하는 천재의 자질을 가진 사람이었다면 서른에 죽은 게 맞지 않을까 싶다. 미인박복이요 천재박명이라고 하지 않았던가.

56 여기에 당시의 부피 단위들이 몇 가지 나온다. 우선 부는 여섯 말 넉 되인데 요즈음 중국에서 쓰이는 단위로 환산하면 두 되 여덟 홉에 해당한다. 유는 넉 되 여덟 홉인데 요즈음 단위로도 넉 되 여덟 홉쯤 된다. 병은 제법 큰 단위다. 1병은 16곡斛인데 1곡이 10말[斗]이다. 송나라 때 5말을 1곡으로 고쳐 쓴 이후 20세기 초까지 쓰이다가 없어졌다. 공자 시대의 5병, 즉 80곡은 지금의 단위로 환산하면 16석石에 해당한다.

57 乘肥馬. 양백준은 이 구절을 결코 '살진 말을 타고'라고 해석해서는 안 된다고 했다. 공자 시대에는 의복 자체가 말을 타기에는 불편하

게 생긴 것이어서 수레를 타고 갔으리라는 이유에서다. 전국 시대에 와서야 비로소 소수 민족의 복장을 개량해서 말타기에 적당한 의복을 입기 시작했다는 것이다.

58 구백이란 단어 뒤에 도량형의 단위가 생략돼 있어서 곡인지 말인지 알 수가 없다. 우리는 돈을 셀 때 작은 것 한 장, 또는 큰 것 한 장 하는 식으로 많이 통용되는 단위를 습관적으로 생략하는 경향이 있는 데 이 부분도 그런 경우가 아닌가 싶다. 아무튼 여기서는 가마인지 말인지 모호한 것이 사실이다.

59 공자의 제자 중 효성이 지극하기로 이름난 사람이다.

60 문강은 노나라와 제나라의 경계에 흐르던 강이다. 민자건은 계씨가 거듭 등용하겠다고 사람을 보낸다면 이웃한 제나라로 이민을 가겠다는 식으로 강력한 거절의 의사를 표명한 것이다. 계씨는 대부로서 정통 군주를 무시하고 있던 실력자였다. 그런 정통성 없는 살벌한 정권에는 출사하지 않겠다는 민자건의 강직함이 느껴지는 대목이다. 쿠데타로 헌정을 뒤집은 정권이어도 개의치 않고 불러주기만을 기다리던 우리나라 학자들에게 경계가 되는 대목이기도 하다.

61 공자의 제자로 성은 염冉, 이름은 경耕이다. 공자가 덕을 인정해 준 제자다.

62 노나라의 대부다.

63 축타는 당대 최고의 언변가이고 송조는 당대 최고의 미남이다. 말재주와 미모는 세상이 평화로울 때나 어지러울 때나 유용한 무기가 되게 마련이지만 특히 난세에는 결정적인 보신 도구가 된다. 이 구절은 이런 것이 유일한 보신 도구가 될 정도로 세상이 험악하다는 것을 시사하기도 하겠지만, 무엇보다 이렇게 겉으로 보이는 장점만이 두드러지는 천박한 세태를 한탄하는 뜻을 담고 있다. 이른바 유정有情한 천하란, 좀 어눌하더라도 품성 좋은 사람, 그리고 좀 못생

졌더라도 마음이 반듯한 사람이 대우받는 세상이 아니겠는가. 공자가 그리던 사회는 그런 사회였다.

64 문文과 바탕[質]을 겸비한다는 것은 바람직하지만 어려운 일이다. 문과 바탕을 겸한 상태가 바로 '빈'이다. 빈은 彬으로 쓰거나 斌으로 쓰거나 똑같은 의미이다. 사람 이름에 이 빈 자가 많이 들어가는 것도 자식이 문질빈빈한 군자가 되기를 바라는 부모들의 소망 때문일 것이다.

65 아는 단계, 좋아하는 단계, 즐기는 단계, 이 세 개의 발전 단계는 비단 공부에만 적용되는 것은 아닐 것이다. 일에도, 인간 관계에도 모두 적용되는 것이 아닐까 싶다. 어떤 것이든 마냥 몰두하고 천착하는 단계를 훌쩍 뛰어넘어 즐길 수 있는 단계에 이른다면 근사한 인생이 될 것이다. 세속적 성취를 충분히 이룬 다음에 즐길 수 있다면 그것도 괜찮은 일이지만, 설령 세속적 성취가 없더라도 즐길 수 있다면 그건 더욱 멋있는 일이 아닐까.《논어》에 나오는 안회처럼 나물 먹고 물 마시고 팔베개 하고 누울 정도로 누추하게 살면서 덕 쌓는 일에 정진하는 게 결코 쉬운 일은 아닐 것이다. 더욱이 지금은 돈만이 발언하는 사회가 아닌가. 돈이 발언하면 나머지는 모두 침묵해야 한다고 했던가. 경제적 성취 없이 혼자 멀뚱멀뚱 앉아 히죽히죽 웃으며 도덕만 얘기한다면 아마 무능하고 무책임하다는 비난을 면할 수 없음은 물론이고, 심지어 인간 대우도 받기 어려울 것이다. 이런 사회이니만큼 더욱 그리운 것은 대붕大鵬처럼 훌쩍 세속과 일상을 뛰어넘을 수 있는 여유가 아닐까.

66 공자가 조국인 노나라의 문명에 대해 갖고 있던 자부심을 엿볼 수 있는 대목이다. 우선은 아쉬운 대로 제발 노나라만 같아라 하는 바람이 드러난다. 그리고 한 걸음 더 들어가면, 이 노나라도 지금은 예전만 못한데, 정치와 교육에서 크게 개혁을 하면 공자가 이상향으

로 생각했던 주나라의 전성 시대로 갈 수도 있다는 생각이 드러난다. 아주 옛날인 주나라의 전성 시대로 되돌아가자는 공자의 생각은 확실히 복고적이다.

67 이 구절에 대해서는 두 가지 해석이 있다. 고라는 술잔은 배 부분에 네 개의 모서리가 있고 다리 부분에도 네 개의 모서리가 있다. 그런데 모서리를 만드는 것이 둥그렇게 만드는 것보다 어렵다. 그래서 대충 둥그렇게 만들어놓고 그것을 그냥 고라고 부르는 현실, 즉 이름과 실제가 맞지 않는 현실을 한탄한 것이라는 게 첫 번째 해석이다. 또 다른 해석은 술잔의 비유를 통해 술을 너무 많이 마시지 말라는 경계의 뜻을 담았다는 것이다. 고란 원래 술을 두세 되 담을 수 있는 잔인데 공자 시대에는 고의 실제 용량이 커져서 술을 훨씬 많이 담을 수 있게 되었다. 그래서 술에 너무 빠지지 말라는 충고라는 것이다. 두 가지 중 어떤 해석을 받아들여도 전혀 아쉬울 것 없는 대목이다.

68 《맹자孟子》〈만장상萬章上〉에 이런 얘기가 나온다. 정자산鄭子産이 물고기를 선물로 받아 와서 연못 관리인에게 잘 기르라고 주었다. 그런데 관리인은 그 물고기를 삶아 먹고 나서는 물고기가 헤엄쳐 멀리 깊은 곳으로 가버렸다고 보고했다. 정자산은 좋은 곳으로 갔으면 됐다고 말했다. 이에 관리인은 자신이 삶아 먹은 줄도 모르고 물고기가 좋은 곳으로 갔다고 하는 정자산을 가리켜 어찌 남들은 지혜로운 사람이라고 말하느냐고 했다. 정자산이 그것을 몰랐을 리 있을까. 연못 관리인이 거짓말을 그럴듯하게 했지만 정자산을 속이지는 못했을 것이다. 아무튼 예나 지금이나, 소인배가 잔머리를 굴리며 살아도 군자는 대로를 가며 살면 된다.

69 남자는 당대의 여걸이다. 위나라 영공의 부인이었는데 실제로 정치를 장악하고 있었다. 또 정치에만 정력적인 것이 아니라 스캔들도

많이 일으켰다. 남자는 앞에 언급된 미남 송조와의 스캔들 등으로 평판이 좋지 않았다. 과격하고 담백한 자로로서는 어찌 선생님께서 그런 사람을 만나러 가셨나 하고 화를 낼 만도 하다.

70 중용은 공자가 최고로 생각한 삶의 표준이다. 중이란 지나침과 모자람이 없이 잘 절충되고 조화로운 것을 말한다. 용이란 일상적이고 평상적인 것을 말한다. 조화롭고 평상적인 것, 공자 사상의 이상성과 현실성을 압축한 표현이라 할 수 있다.

71 요 임금과 순 임금은 공자의 이상군주론의 정점에 서 있는 사람들이다. 공자는 이상적인 정치는 혈연에 의거해 자질이 검증되지 않은 사람에게 왕위가 계승되는 것이 아니라 유덕자가 유덕자에게 임금의 자리를 이어주고 그렇게 해서 대대로 덕 있는 성인 군주가 이어지는 것이라고 생각했다. 그래서 요순 선양설을 강조한 것이다. 아마 요 임금이나 순 임금은 부족 국가의 장으로 실존 인물이었을 것이다. 하지만 요가 순에게 30년 동안 이런저런 공직을 주면서 능력을 키우도록 배려했고, 심지어 자기 딸까지 주면서 인성을 시험한 끝에 결국 그에게 왕위를 물려줬다는 선양의 얘기는 신화일 것이다. 공자가 만든 정치 신화인 것이다. 정치의 성패는 군주에게 달려 있고, 그렇기 때문에 대대로 성인 군주가 이어져야 한다고 본 공자는 요순 선양설을 금과옥조로 만들어 후대 임금들에게 주의를 주고 싶었을 것이다. 후에 합리주의자인 순자는 고증되지 않은 요순 선양 얘기는 하지 말고 확실한 주나라 문왕이나 무왕의 본을 얘기하자고 주장했다.

72 노팽이 어떤 사람인지는 분명치 않다. 노자老子와 팽조彭祖 두 사람의 현인을 가리킨다는 설도 있고, 팽씨 성을 가진 친한 사람을 가리킨다는 설도 있다. 중국에서는 오랜 친구가 나를 부를 때 노조老趙라고 한다. 중국어로 읽으면 라오짜오다. 친하다는 뜻으로 '노' 자를

붙이는 것이다. 이렇게 본다면 노팽은 라오펑老彭이라고 부를 만한 당대의 현명한 친구일 수도 있다.

73 주공은 두 가지 의미에서 공자의 본이 되는 인물이다. 우선 아버지 문왕과 형 무왕을 도와 주나라의 기틀을 세웠으니 주나라의 문물을 숭상하는 공자로서는 그가 마음속의 영웅일 수밖에 없다. 또한 어린 조카인 성왕을 도와 섭정을 했지만 성왕이 어른이 된 뒤에는 담백하게 실권을 포기하고 물러났으므로 이 또한 존경할 만한 면모가 아닐 수 없다. 그런 주공을 본받아 당대에 큰 정치를 펴보는 것이 공자의 꿈이었고 그런 만큼 종종 꿈에서라도 주공을 만났었는데, 이젠 육체도 노쇠해졌고 현실적인 출사표도 낡아 해졌으니 꿈은 정녕 사라지는구나 하는 한탄이다. 현실에서 최고 통치자가 되지는 못했지만 왕 이상의 자질과 영향력을 갖고 있었던 공자의 안타까움이 느껴지는 대목이다. 현실 정치의 꿈을 접고, 도저히 현실에서 정의를 찾을 수 없다면 네 양심에서 찾으라고 한 플라톤의 심정도 이와 같았으리라.

74 당시 위나라는 현직 임금인 출공出公과 그 아비인 괴외蒯聵가 서로 임금의 자리를 놓고 다투는 상황에 있었다. 이 구절은 부자간의 천륜이 무너진 이러한 험악한 상황에서 공자가 과연 출사할 것인가에 대해 제자들이 궁금해하는 대목이다. 자공은 백이와 숙제의 예를 들어 은근히 공자의 의도를 확인하려 했다. 백이와 숙제는 형제간으로 서로 왕위를 양보하려 나라를 떠났고, 나중에 나라가 망한 다음에는 새로운 나라의 정통성을 인정하지 않는다는 뜻으로 수양산에 들어가 고사리만 캐 먹다가 죽었다. 왕위를 놓고 다투는 위나라의 부자와는 확연히 대조되는 사람들이다. 공자는 백이와 숙제를 덕 있는 사람이라 칭송하는 것으로 충분히 자신의 의견을 표현했다고 할 수 있다.

75 원문에는 '五十以學易'이라고 되어 있다. 그런데 공자가 이 말을 할 때 나이가 일흔이었다. 그래서 주자는 '오십五十'을 '졸卒'로 읽어 '마침내'로 해석했다.

76 여기서 표준어에 해당하는 원문은 雅言이다. 공자의 시대는 언어가 통일되기 이전이다. 따라서 공자가 천하를 주유할 때는 통역이 있었다. 그런 상황에서도 비교적 널리 통용되어 표준어라고 할 만한 것이 아언雅言이었다. 공자는 평소 노나라 말을 썼지만 시와 서를 읽을 때나 예를 집행할 때는 주나라의 표준어를 써서 경건함을 보였다고 할 수 있다.

77 송宋나라의 사마司馬 상퇴向魋인데, 노나라 환공에게 출사했기 때문에 환퇴라 불렸다. 《사기》의 기록에 의하면 공자가 송나라로 가는 길에 제자들과 나무 밑에서 공부하고 있었는데 환퇴가 공자를 해하려고 나무를 뽑아버렸다. 이 구절은 당시 제자들이 공자를 피신시키려고 하자 대꾸한 말이다.

78 이 구절 '知之次也'의 次는 한 등급 차이가 난다, 버금간다, 또는 방불케 한다는 뜻이다. 《논어》에는 이 글자가 여덟 번 나오는데 모두 이런 용례로 쓰였다. 〈계씨〉 편에는 공자가 '태어나면서부터 아는 사람이 으뜸이고, 배워서 아는 사람이 그 다음(그에 버금가는 것)'이라고 한 구절이 있는데 이와 같은 뜻이다. 공자는 물론 태어나면서부터 아는 자질을 가진 사람이었지만 늘 겸손하게, 스스로를 배워서 아는 사람이라 일컬었다. 이와 같이 호학하는 태도, 이것이 공자의 처음과 끝이었다. 열다섯에 뜻을 세워 일흔이 넘도록 배우는 자세로 성실하게 산 사람 공자, 그의 사상에 동의하건 안 하건 그런 진지한 태도만큼은 사표師表로 삼아야 하지 않을까.

79 사패는 관직 이름인데, 진씨 성을 가진 사패 벼슬의 사람인지 아니면 진사패가 곧 이름인지 확실치 않다.

80 　태백은 주 왕조의 선조인 고공단보古公亶父의 맏아들이다. 고공단보
　　에게는 아들이 셋 있었는데 태백泰伯, 중옹仲雍, 계력季歷이 그들이
　　다. 고공단보는 셋째인 계력에게 왕위를 주려고 했다(주나라의 태조
　　인 문왕은 바로 이 계력의 아들이며, 동시에 태백의 조카이다). 태백은
　　아버지의 뜻도 받들고 막냇동생의 역량도 살펴 미리 왕위를 포기하
　　고 동생 중옹과 멀리 구오로 가버렸다. 조선 시대에 영민한 동생 세
　　종에게 왕위를 양보한 양녕대군의 경우와 흡사하다. 차이가 있다
　　면, 양녕은 폐세자가 되려고 일부러 상황을 연출하며 시위했지만
　　태백의 경우는 백성들조차 모르게 했다는 점이다. 이렇게 권력에
　　집착하지 않고 담백한 태도를 보인 태백을 공자는 덕이 지극하다며
　　매우 높이 평가하고 있다. 공자의 권력관을 볼 수 있는 대목이다.

81 　여기서는 군자를 윗사람으로 번역했다. 사실《논어》에는 군자란 말
　　이 모두 107번 나오는데 대부분 통치 계층이라는 신분적 의미보다
　　는 도덕적 성취를 이룬 인격적 완성자라는 의미로 쓰였다. 공자 이
　　전에는 군자란 왕후 귀족의 지위를 가리키는 명칭이었다. 그러던
　　것이 공자에게 와서 비로소 도덕적 성취라는 의미를 갖게 된 것이
　　다. 그러므로 공자가 군자란 말을 만든 것은 아니지만 군자를 신분
　　적 의미에서 인격적 의미로 전환시킨 것은 그의 공이다. 문질빈빈
　　의 군자가 바로 그 군자다. 하지만 이 구절에서의 군자는 일반 통치
　　계층을 뜻한다.

82 　이 구절은《시경詩經》〈소아小雅〉'소민小旻'에 나온다. 매사에 조심
　　조심하는 아주 신중한 모습을 그리고 있다.

83 　노나라의 대부다.

84 　'6척의 고아[六尺之孤]'를 어린 나이에 임금이 된 사람으로 번역했
　　다. 예전의 1척은 30센티미터가 아니고 23센티미터였다. 그러니 6
　　척은 138센티미터밖에 되지 않는다. 어린아이이다. 그렇게 계산하

면 《삼국지》에 나오는 8척 장군이라고 해봐야 184센티미터 정도의 좀 큰 사람일 뿐이고, 7척이라고 하면 어른으로서는 작은 키에 불과하다.

85　이 구절은 공자의 인민관을 보여준다. 공자의 정치 사상에 백성의 지위란 없다. 공자는 기본적으로 사람을 군자와 소인으로 나누어 생각했다. 자기를 잘 닦은 소수의 군자는 통치 계층이 되고 자기를 닦지 못한 다수의 소인은 피지배 계층이 된다. 소인인 대부분의 백성은 일상의 작은 이해 관계에 얽매여 살아가는 존재들이다. 따라서 공자가 보기에 백성은 먹이고 가르쳐야 할 대상이지 정치에 참여하거나 공론을 만드는 데 일조하는, 정치적 위상을 지닌 존재는 아니다. 백성을 위해야 한다는 위민의 주장이나 백성을 아껴야 한다는 애민의 주장은 모두 통치자에게 강조한 것이지 백성의 정치 참여를 부추긴 것은 결코 아니다.

86　당시의 조급하고 얄팍한 학문적 태도를 한탄한 대목이다. 삼 년 정도 후닥닥 적당히 기능만 배워 서둘러 관직에 나가려 하는 젊은이들의 잘못된 실용성을 경계하고 있다. 물론 공자는 배움과 출사 사이의 균형을 강조한다. 그래서 세상이 어떻게 되든 나 하나 편하면 되지 하는 보신주의도 나무랐고, 나 하나 깨달으면 되지 하고 면벽하는 비사회적 태도에도 반대했다. 배움과 출사는 일련의 과정이라고 여겼고, 나아가 인격적 성취를 이룬 사람은 널리 백성을 이롭게 하는 것이 의무라고까지 생각했다. 강력한 사회적 사명감을 가졌다는 뜻이다. 그럼에도 배움과 출사의 관계에서 배움이 우선이다. 그리고 대충 배워서는 안 된다. 군자 교육은 한 삼 년 해서 끝나는 속성 과정이 아니다. 군자가 못 되는 사람이 서둘러 관직에 나가는 것은 사회에 전혀 보탬이 되지 않는 일이다.

공직자로서의 자질이나 덕성과는 관계없이 너나없이 고등 고시를 보겠다고 나서는 오늘날의 우리 사회 풍조를 공자가 보았다면 똑같은 말을 했을 것이다. 삼 년을 배우고도 관직에 나가겠다고 서두르지 않는 젊은이를 보기가 참 어렵다고.

87 공자의 역할관을 아주 간략하게 요약한 대목이다. 지위와 역할의 관계를 명료하게 표현하고 있다. 그 자리에 있는 사람은 그 역할을 제대로 해야 제대로 대우를 받게 되는 것이고, 역할을 제대로 하려면 거기에 상응하는 지위가 주어져야 한다는 논리다. 그런데 공자가 구상한 이상 정치는 윗자리에 있는 군자들이 몸소 실천으로 본을 보이면서 아래의 소인들을 이끌어, 결국 정치 체제 안의 모든 구성원이 유덕자가 되는 것이다. 이는 품위 있는 사회, 유정한 천하와 같은 표현이 가능한 상황이 아닐까 싶다. 이런 이상 정치를 만들어가는 과정에는 역할과 지위의 관계를 정확히 인식하고 있는, 사명감을 가진 군자 관리가 절대적으로 필요하다.

88 〈관저關雎〉는《시경》의 첫 편이다.

89 우 임금은 당시에 정기적으로 범람하던 황하의 치수 사업을 잘한 임금이었던 것 같다. 얼마나 열심히 일했던지 정강이에 털이 남아 있지 않을 지경이었다고 한다. 최근에 우 임금이 세운 하나라의 유적들이 발굴되고 있다. 우 임금이 아들 계啓에게 왕위를 물려주면서 장자 왕위 계승이 시작되었다고도 한다.

90 이론이 분분한 대목이다. 사실《논어》에서 인仁은 109번이나 나오는, 빈도수가 높은 말이다. 이利가 6번, 명命이 8~9번 언급된 것과 비교하면 더욱 그렇다. 그래서 이 구절을 '이해 관계에 대해서는 드물게 말했고, 운명과 인을 찬성(허용)했다'로 해석하는 사람까지 있다. 그러나 이것은 문법적으로나 어감에 있어서나 어색하다.《논어》에 인이 많이 언급되어 있긴 하지만 공자가 평생 말한 내용에 비추어 보면 적은 부분이다. 그래서 나는 이해 관계와 운명, 인에 대해서

는 공자가 자진해서 적극적으로 말하지 않았다는 뜻으로 해석하는
게 적절하리라 본다.

91 광은 지금의 개봉開封 부근이다. 지금도 하남성河南省에 광성匡城이
    있다. 공자가 위나라를 떠나 진나라로 가며 지나는 길이었다. 광은
    노나라의 양호陽虎(또는 陽貨)에게 약탈과 살육을 당한 적이 있었다.
    공자의 생김새가 우연히 양호와 닮은 탓에 광 사람들이 공자를 구
    금했다. 따르던 제자들이 뿔뿔이 흩어지고, 공자 또한 곤욕을 치렀
    다.《사기》에는 닷새 동안 갇혀 있었다는 기록이 있다.

92 공자의 제자인 것 같은데《사기》의 〈중니제자열전〉에는 나오지 않
    는다.《공자가어》에는 성이 금琴씨이고 자는 자개子開 또는 자장子張
    이며 위衛나라 사람이라고 되어 있으나 확실히 믿을 바는 못 된다.

93 이른바 봉조하도鳳鳥河圖란 태평성대를 뜻한다. 봉황은 상서로운 짐
    승으로 순 임금이나 주의 문왕 같은 성군의 시절에 나타났다는 전
    설이 있다. 하도 역시 성군의 출현을 뜻한다. 옛날 복희伏羲 시대에
    황하에서 그림이 나왔다는 전설이 있다. 봉조하도의 조짐이 없으니
    자기 당대에 태평성대를 보기는 글렀다는 탄식의 소리이다.

94 가신을 두는 것은 대부 계층이 할 수 있는 일이었다. 공자는 그 아래
    의 사士였기 때문에 자신이 가신을 두는 것은 당시의 예를 어기는
    일이라 여겼다. 자로의 뜻은 제자들을 모아 장례 위원회를 만들어
    공자의 상을 대부상大夫喪으로 치르고자 한 것인데 그것이 강직한
    공자에겐 달가운 일이 아니었다.

95 구이는 당시 은나라의 후예인 기자箕子가 다스리던 우리나라 북쪽
    을 말한다는 설도 있고, 중국의 회이淮夷, 즉 제나라와 노나라 접경
    부근의 북쪽이라는 설도 있다. 공자와 기자가 은나라의 후예이고,
    당시 은나라의 후예들이 중국 북서 에서 한반도 북쪽에 걸쳐 살고
    있었기 때문에 공자가 고향 사람들이 많이 살고 있는 한반도 북쪽

에서 살고 싶어했던 거라고 주장하는 사람들도 있다. 심지어 그런 의미에서 공자가 한국 사람이라고 주장하는 사람들도 있다. 은나라의 후예들이 한반도 북쪽에 살던 사람들과 혈연 관계였고, 은나라 멸망 이후 그들이 한반도 북쪽으로 대거 이주해 와 살았다는 것은 역사적 사실일 것이다. 하지만 이 사실을 들어 중국의 은나라를 한국 사람이 세웠다고 말하는 것은 견강부회다. 여기서는 망가져가고 있는 중원을 떠나고 싶다는 공자의 푸념이 드러났다고 보는 게 적절하다.

96　아는 조정에서 쓰는 음악이고, 송은 제사 때 쓰는 음악이다. 아와 송이 제자리를 잡았다는 말은 음악계의 혼란이 바로잡아졌다는 뜻이다. 공자의 문화 전반에 대한 관심과 우려를 확인할 수 있는 대목이다.

97　《시경》〈패풍邶風〉 '웅치雄雉'의 노래다.

98　조정의 대부는 상대부와 하대부로 나뉜다. 공자는 그 아래 계급인 사士였다.

99　규는 옥으로 만든 것으로, 외교 의식 때 쓰는 신표다.

100　공자의 까다로운 의복 습관을 정리한 대목이다. 한편으로는 대단한 패션 감각을 보여주며, 또 한편으로는 의복에서도 삼가는 태도를 보여준다. 자리에 맞는 적절한 의복을 차려 입는 것도 사실 쉽지 않은 일이다.

101　제사 지낸 물건은 귀하게 생각해서 절하고 경건히 받지만, 그 밖의 선물에 대해서는 명마와 같은 귀한 물건이라도 친구간에 새삼 고맙다는 인사치레를 안 했다는 뜻이다. 부모와 자식 사이나 친구 사이에 너무 입빠르게 인사치레를 하는 것은 좀 어색할 수 있다. 지나친 예의는 예의가 아니라는 뜻이다. 그런 의미에서 요즈음 우리 사회에서 아무 때나 아무에게 '사랑해요'를 남발하는 것은 좀 어색하다.

그렇게 하지 않으면 상대가 섭섭해하고 진심을 몰라줄 정도로 우리 사회가 가벼워지고 각박해진 것일까? 이 대목과 같은 공자의 은근함이 그리운 시절이다.

102 예로부터 논란이 많은 대목이다. 무언가 빠진 글자나 오자가 있는 듯하다. 현재로서는 해석이 잘 되지 않는다. 일반적으로는, 공자가 '때로구나'라고 한 말을 자로가 잘못 알아들어 배고픈 시간이니 잡아먹자는 뜻으로 생각했고, 그래서 잡아 바쳤더니 공자가 세 번 냄새만 맡고 일어섰다는 것으로 해석한다. 그런데 양백준은 共을 拱으로 봤고, 嗅를 臭로 봤다. 그래서 자로가 손을 모아 꿩들에게 인사하니 꿩들이 날개를 펴고 날아갔다고 해석했다. 잡아먹었다고 해도 어설픈 얘기고 날아갔다고 해도 엉뚱한 얘기지만, 그래도 날아갔다고 보는 게 좀 나을 듯싶다.

103 공자의 이 감상에는 두 가지 의미가 담겨 있다. 우선, 안회는 두말할 필요 없는 총명한 제자다. 공자가 뭐라고 하건 다 알아듣고, 나름대로 묵상한 다음 틀림없이 실천하는 사람이다. 갑론을박의 논쟁 없이 서로 눈빛만으로도 교감할 수 있는 관계다. 안회는 성급한 자로나 말 많은 재아처럼 부아를 돋우는 법도 없고, 불현듯 깨우친 것처럼 해서 작은 기쁨을 주는 일도 없다. 스승의 입장에서는 질문이 많은 제자가 애착이 가는 법이다. 안회는 멍청해 보일 정도로 반응이 없다. 공자급의 자질을 가진 훌륭한 제자이나 좀 싱거운 느낌도 있다는 아쉬움의 표현이 아닐까 싶다. 빛나는 질문을 던지며 함께 연구한다면 서로가 더 계발될 것이기 때문이다. 그러나 자랑스럽든 아쉽든 이 구절은 안회에 대한 칭찬이다.

104 백규는 《시경》〈대아大雅〉 '억抑'에 나오는 구절이다. 말은 주워담을 수 없으니 조심하고 또 조심해야 한다는 뜻을 담고 있다. (공자는) 남용은 신중하고 조심스런 사람이기 때문에 난세에도 몸을 다치지

않을 것이라고 말했다. 남용은 공자가 조카사위를 삼았을 정도로 공자의 신임을 받은 인물이다.

105 자칫 공자가 인색한 사람으로 오해될 수도 있는 대목이다. 하지만 공자가 자신의 수레를 아까워했다기보다는, 제자 안회나 아들 리는 자신에게는 똑같이 아들들인데 아들보다 안회의 상을 더 화려하게 치르면 형평에 어긋난다고 보았다고 이해해야 할 것 같다. 안회가 죽었을 때 공자가 땅을 치고 하늘을 원망한 것을 보면 수레나 곽을 가지고 인색하게 굴었다는 것은 설득력이 없기 때문이다.

106 사마우란 제자는 말이 많고 조급한 사람이었다. 《사기》〈중니제자열전〉에서 사마천은, 공자가 사마우의 질문에 인이란 어눌한 것이라고 대답한 것은 사마우의 그런 결점을 지적한 것이라고 기록하고 있다. 비단 사마우의 경우뿐만이 아니다. 공자는 질문하는 사람의 의도나 상황에 맞게 촌철살인적인 대답을 한다. 미덥지 않은 사람이 인에 대해 물으면 인은 일단 미더운 것이라고 대답하고, 앞뒤 안 가리고 용맹만 앞세우는 사람이 인에 대해 물으면 인은 범을 때려 잡는 용기가 아니라고 대답한다. 시의적절하고 상대방의 필요에 꼭 맞는 응대를 하는 것이다. 눈 높이 교육이라고 할 수 있다. 사실 눈 높이 교육이 말처럼 쉬운 것이 아닌데 공자는 그런 면에서 훌륭한 교육자이기도 했다.

107 주나라의 세제로, 생산의 십분의 일을 세금으로 내는 것이다.

108 《시경》〈소아小雅〉'아행기야我行其野'의 시구를 인용한 것이다. 해석이 잘 되지 않는 구절인데, 정자程子는 착간錯簡이라고 주장한다.

109 노나라 애공 당시의 실력자다. 《춘추春秋》의 기록에 의하면 애공 3년 가을에 계강자(계손비)가 계손사의 뒤를 이었다고 한다. 이어지는 세 가지 물음은 그 이후의 일인 듯하다. 공자로서는 정통 군주인 애공이 아닌 무도한 실력자가 와서 정치에 대해 물으니 마음이 상

했을 것이다. 요즘 말로 '너부터 잘하면 돼'라고 핀잔을 주는 듯한 분위기다.

110 정명이란 지위와 역할간의 관계를 명실상부하게 만들겠다는 말이다. 공자는 당시의 혼란이 임금이나 신하, 아비나 자식이 제 지위에 맞는 역할을 제대로 감당하지 못했기 때문에 생긴 것이라고 보았다. 공자는 이러한 역할 갈등을 바로잡는 것이 정명이고, 이 방법을 통해서만 혼란을 멈출 수 있다는 믿음을 갖고 있었다. 자로가 출사표를 묻자 공자는 단 한마디 '정명일 뿐이다'라고 대답한다.

111 재산에 대한 공자의 견해를 보여주는 대목이다. 공자는 기본적으로 부富보다는 균등한 분배[均] 쪽에 더 신경을 썼고, 군자와 소인을 구분해 이중적인 기준을 제시했다. 군자는 재산에 초연해, 재산이 없어도 편하게 생각하며 살아야 한다고 했다. 겨우 나물이나 먹고 물이나 마실 정도의 가난한 살림이었지만 여유롭게 학문과 사색을 즐긴 안회가 그 대표적인 예다. 군자란 모름지기 남들이 다 풍족해진 다음에야 풍족해져야 하는 소명 의식을 가진 존재다. 반면에 소인들은 눈앞의 이해 관계에서 자유로울 수 없는 존재이니 배불리 먹이는[養民] 일이 통치자의 일차적인 책무라고 공자는 강조했다. 이어지는 염유와의 대화에서는 공자의 경제관이 고스란히 드러난다. 이 구절에 나오는 위나라의 형이라는 사람은 가난하면 가난한 대로, 부유하면 부유한 대로 드러내지 않고 느긋하고 초연하게 지낸 군자이다.

112 《주역》〈항괘恒卦〉'효사爻辭'에 나온다.

113 원헌은 공자의 제자들 중 가장 가난했던 사람이다. 그럼에도 스승에게 관직에 나가 먹을 것을 구하는 방법에 대해 묻는 것이 아니라 부끄러움에 대해 묻고 있다. 당시는 쿠데타가 일상적이던 시대로, 정통성 없는 정부가 위에서 본은 보이지 못하면서 아래를 핍박했

다. 그럼에도, 겨우 삼 년만 공부하면 너나없이 관직에 나서려 하는 것이 당시의 세태였다. 공자가 겨우 삼 년 배운 젊은이들 중에 관직에 관심 없는 사람이 드물다고 개탄한 것도 이런 의미다. 이런 점에서, 누구보다도 관직과 봉록을 필요로 했던 원헌이 경제적 문제보다는 오히려 덕을 먼저 생각하고 있는 것은 공자가 보기에 매우 기특한 일이었다.

114 당시의 중국 전설에 나오는 예는 세 사람인데 모두 활을 잘 쏘는 사람들이었다. 그 유명한 전설 중 하나가 해가 열 개 나타나자 그 중 아홉 개를 활로 쏘아 떨어뜨렸다는 것이다. 당시에 예 하면 셋 중 누구를 가리키든 활의 명수를 뜻했다.

115 오는 하나라 사람으로, 장사의 대표인 항우에 비길 만한 장사였다.

116 자산은 정나라에서 3대에 걸쳐 재상을 지낸 명관리이다. 정나라가 그의 임기 중 춘추 패자의 하나로 활약할 수 있었던 것도 그가 이처럼 외교에 신중을 기하고 문서 하나를 만드는 데도 전력투구했기 때문이었다. 이어지는 대목은 그런 자산에 대한 공자의 후한 평가이다.

117 춘추 시대에 자서란 이름의 인물이 셋 있었다. 하나는 자산의 집안 형으로 자산 전에 정나라를 이끌던 공손하라는 인물이고, 또 하나는 초나라 문공 때의 투의신鬪宜申이라는 사람이다. 그리고 나머지 하나는 초나라 평왕 때의 공자신公子申이라는 사람으로 공자와 동시대 인물이다. 여기서 말하는 자서는 아마도 자산의 형 공손하인 것 같다. 투의신은 공자 시대와 너무 멀고, 공자신은 공자의 동시대 인물인 만큼 너무 가깝기 때문이다. 하지만 공자가 자서에 대해 감정이 맺혀 있는 듯한 것으로 봐서는 동시대의 자서일 가능성도 있다.

118 이 구절로 봐서 맹공작이라는 사람은 닭대가리보다는 호랑이 몸통

쯤이 더 잘 어울리는 사람이었던가 보다. 사람이란 누구나 특기를 갖고 있게 마련이니까. 소 잡는 칼을 닭 잡는 데 쓰지 않는 것도 그런 이치가 아닐까. 그런 의미에서 공자가 군주의 첫 번째 능력으로 사람을 알고[知人] 능력과 덕량에 따라 적재적소에 등용하는 것[選賢與能]을 강조한 것은 틀림없는 진리다.

119 위나라의 대부인데 공자가 관심을 표명할 정도로 괜찮은 인물이었다.

120 진문공이나 제환공은 둘 다 춘추 오패에 드는 실력자들이다. 진문공은 힘과 꾀로 천하를 도모했고 제환공은 덕으로 천하를 다스렸는데, 공자가 평가하기에 덕으로 다스린 제환공이 더 낫다는 얘기다.

121 환공과 규는 모두 양공襄公의 동생으로, 양공의 포악함 때문에 해외로 피신했었다. 환공은 포숙아鮑叔牙의 도움으로 거莒나라로 갔고, 규는 관중과 소홀 두 스승의 도움으로 노나라로 갔다. 양공이 피살된 후에 먼저 돌아와 임금이 된 환공은 노나라를 공격해서 결국 형 규를 죽게 만들었다. 소홀은 자살로 규의 뒤를 따랐지만 관중은 오히려 환공의 재상이 되었다. 이에 관한 기록은 《춘추좌씨전》〈장공莊公〉'8년, 9년'에 보인다.

122 공자가 천하를 주유하던 시절에 위나라에 갔다가 거백옥의 집에 머물렀던 적이 있다.

123 공자의 이름을 부르는 것으로 보아 공자의 선배나 어른쯤 되는 사람이다.

124 이 구절은 예로부터 해석이 분분했다. '下學而上達'은 크게 보면 두 가지 해석이 가능하다. 우선 여기서 해석한 대로, 아래로는 일상 생활에 필요한 잡기부터 위로는 도덕적 성취까지 두루 통달했다는 얘기일 수 있다. 또한, 황간黃侃 의 《논어의소論語義疏》에서 해석하듯 아래로 사람의 일과 위로 하늘의 뜻을 두루 통달했다는 뜻으로도

볼 수 있다. 두 해석 모두 공자의 원래 뜻에서 크게 벗어나지 않으리라고 본다.

125 이 '深厲淺揭'는《시경》〈패풍邶風〉'포유고엽匏有苦葉'에 나오는 구절이다. 깊은 물이란 형편없이 어지러운 세상을 비유한 것이고, 얕은 물이란 그런 대로 발 담그고 살 만한 세상을 뜻한다. 누항에 숨어 사는 현자가 공자의 한 맺힌 출사표가 담긴 경쇠 소리를 들으며 한심해서 하는 일갈이다.

126 무위의 정치 사상은 비단 노장의 전유물이 아니다. 유가와 법가에도 있다. 유가에서건 도가에서건 법가에서건 무위란 이들이 이상으로 생각하는 최고 경지의 정치 상황이다. 유가의 무위는 성인 군주가 우뚝하게 조정에 앉아 본을 보이고, 군자인 그 아래의 관리들이 모범주의로 정치하는 것을 말한다. 이 대목은 성인 군주란 그저 존재하는 것만으로도 충분한 의미를 갖는다는 것을 시사하고 있다.

127 호색이란 물론 우선 남녀 관계를 탐하는 것을 말한다. 그리고 더 나아가 인간의 본능적인 욕망 전체를 탐하는 것이기도 하다. 덕과 학은 그런 본능을 이기고 자기 몸을 다스려 나가는 공부의 과정이다. 본능은 자연스러운 것이고 덕과 학은 애써서 해야 하는 것이다. 그만큼 어려운 일이다. 당연히 호덕자나 호학자보다는 호색자가 많을 수밖에 없다.

128 양화는 바로 양호陽虎다. 그는 당시 노나라의 정치를 농단하던 계씨의 가신으로서 실권자였다. 공자가 보기에 그는 정통성 없는 하극상의 야심가에 불과했지만, 그래도 공자 같은 인물을 회유하려 애쓴 것을 보면 나름대로 그릇은 있었던 인물이 아니었나 싶다.

129 대답은 이렇게 했지만 공자는 양화가 실권을 잡고 있는 동안은 출사하지 않았다. 비록 뜻이 있고 출사표를 품고 있었다고는 하지만 공자의 언행이나 품성으로 보아 쿠데타 정권에 부역할 수는 없었을

것이다.

130 공자를 포함한 유가의 인물들은 기본적으로 인격신의 존재를 믿지 않는 무신론자들이었다. 그들은 하늘이 인간의 일에 관여한다든지 만물을 지은 창조주가 인간사를 주재한다고는 생각하지 않았다. 물론 공자는 하늘의 뜻을 여러 번 말한 바 있다. 하지만 공자에게 있어 하늘의 뜻이란 백성의 뜻 내지는 옳은 일이나 이치를 말하는 것이었고, 또는 그냥 자연으로서의 하늘을 말하는 것이었다. 그것도 아니면 권력자들의 권력을 제한하기 위한 막연한 권위로서 하늘이 언급되었을 뿐이다. 그런 의미에서 이 구절 '四時行焉, 百物生焉'을 하늘이 만물을 낳았다는 식으로 창세기적으로 해석하는 것은 적절하지 않다고 본다.

131 옛날에 박博은 주사위를 던진 다음에 바둑을 두는 놀이를 말했다. 그냥 바둑만 두는 혁奕과는 좀 달랐다. 문제는 훗날에 와서 사람들이 바둑은 두지 않고, 그 전초전에 해당하는 주사위 던지기만 하게 되었다는 것이다. 그래서 주사위 던지기 놀이를 도박이라 하게 됐고, 도박과 바둑은 점점 더 멀어지게 됐다.

132 여기서의 광인은 진짜 미친 사람이 아니다. 도가 계열의 도사 고수들이다. 공자가 망가져가는 현실 정치를 어떻게든 반듯하게 세워보려고 노력한 것과는 달리, 이들은 현실에 대한 미련을 훌훌 털어버리고 자연과 벗하며 살았다. 공자와는 인생관과 정치관이 다른 사람들이지만, 고수들답게 강호에서 서로를 인정해주는 기본은 갖추고 있다.

133 앞의 〈태백〉 편에 나왔던 인물이다. 동생에게 왕위를 양보하기 위해 형 태백과 함께 남쪽으로 간, 고공단보의 둘째아들 중옹이다. 이 책 주 80 참고.

134 이일, 주장, 소련 이 세 사람에 대해서는 고증할 만한 자료가 없다.

공자 시대의 대표적인 은둔자들이었던 것 같다.

135 원래 천재들은 음감이 좋다. 공자도 음악에 조예가 깊었다. 앞에 이
야기되었듯이 공자는 노래 잘하는 사람에게는 꼭 한 곡 더 부르게
했고 본인도 화답을 했다. 노래뿐만이 아니다. 공자는 비파나 경쇠
같은 악기를 마음을 담아 연주할 수 있을 정도로 숙련된 연주자였
다. 공자는 우선 음악 애호가로서, 나라가 무 지면서 악사들이 뿔뿔
이 흩어지는 것이 안타까웠을 것이다. 악사들의 이름을 일일이 거
명하며 그들의 이동을 확인하고 있는 것을 보면 보통 애정은 아닌
듯하다. 거기에 더해서 이 구절은 세상이 자꾸 더 나빠지는 것이 결
국 예악의 붕괴로 나타나고 있음을 이야기한다.

136 伯·仲·叔·季는 첫째, 둘째, 셋째, 막내라는 뜻이다. 이로 미루어 볼
때 이들은 한 집안의 여덟 형제가 아닌가 싶다. 이 사람들에 대한 기
록은 없다.

137 선진 시대란 문자 그대로 진나라 통일 이전을 말한다. 특히 기원전
5~6세기부터 백가가 쟁명하면서 많은 저술이 이루어졌다. 중국 사
상의 원형이 만들어진 시기다.

138 종이에 글을 쓰기 시작한 것은 한나라 이후의 일이다. 그 전에는 비
단이나 대나무 껍질에 글을 썼다. 죽간에 쓴 글들은 나중에 착간이
생겨 글 앞뒤를 맞춰봐야 하는 일이 벌어지기도 했다.

139 고문과 금문 논쟁이란 분서갱유 때 사라진 문장들을 복원하는 과정
에서 한나라 당시의 말로 정리하느냐 아니면 선진 시대의 말로 정
리하느냐를 놓고 벌어졌던 논쟁이다.

140 번잡한 전서篆書의 획을 많이 생략해서 만든 한나라 때의 문자다.

141 과두란 올챙이를 말한다. 한자를 창제했다는 창힐蒼頡이 새 발자국
에서 암시를 받아 만들었다는 글자로, 초기 상형 문자를 말한다.

142 천하는 군주 개인의 사사로운 것이 아니라 만인의 것이라는 뜻이

다.

143 중국의 근대화 과정에서 지식인들이 전통과 서구화 사이에서 고민할 때 공자는 늘 그 중심에 서 있었다. 때로는 장애물로, 때로는 최후의 보루로서 말이다. 공자를 장애물로 보고 공격했던 대표적인 사례로는 태평천국운동, 전반서화운동, 문화대혁명 등이 있다. 그런 난리와 핍박을 겪고도 공자는 지금 중국에서 재평가되고 있다.

더 읽어야 할 자료들

맹가, 《맹자》, 안외순 옮김(책세상, 2002)

《맹자》의 완역은 아니나 번역도 얌전하고 해제도 상세하다. 번역자가 고전 읽기를 얼마나 즐기고 있는지를 느낄 수 있다. 선문답처럼 깊이 있지만 별 논쟁이 없다 보니 싱거운 느낌이 드는 《논어》와는 달리 《맹자》는 논리도 치열하고 표현도 훨씬 풍부하다. 공자가 내놓고 다루지 않은 인성 문제 등 주제도 다양하다. 《맹자》는 그 자체로 흥미진진한 책이기도 하고, 공자·맹자·순자로 이어지는 유가의 흐름을 이해하는 데 꼭 거쳐야 할 책이기도 하다.

순자, 《순자》, 장현근 옮김(책세상, 2002)

《순자》의 완역은 아니나 중요한 몇 부분을 통해서 선진 유가의 막내인 순자가 유가를 어떻게 집대성했으며 그의 문하에서 왜 법가의 대가들이 배출되었는지를 볼 수 있어 재미있다. 번역도 힘있고, 특히 해제가 압권이다.

양백준楊伯峻 역주, 《논어역주》, 이장우 등 옮김(중문출판사, 1997)

아주 친절하게 《논어》를 완역한 책이다. 《논어》 해석은 볼 만한 것만 해도 천 권이 넘는데, 1956년에 초판을 낸 양백준의 《논어역주》는 단연 돋

보이는 훌륭한 해석서다. 아쉬움이 있다면 번역문의 문체가 만연체로 너무 늘어지고 의역이 지나친 부분이 더러 있다는 것인데 그럼에도 일독의 가치는 충분하다.

이상익, 《유가 사회철학 연구》(심산문화, 2002)

지금 한국 학계에서 유가 사상에 대해 이상익 교수만큼 공력과 업적을 쌓은 소장학자는 드물다. 이 책은 그의 공력이 특히 집중된 역작이다. 제목은 '유가 사회철학 연구'이지만 유가 사상 전반에 대해 깊이 있게 다루고 있다. 아쉬운 점은 내용이 너무 방대하고 문체가 다소 지루하다는 것인데, 차근차근 읽어가면 소득은 많을 것이다.

H. G. 크릴, 《공자 : 인간과 신화》, 이성규 옮김(지식산업사, 1997)

서양의 대가가 본 공자 얘기다. 논쟁이 될 만한 부분들도 있지만 공자의 인간부터 행적과 사상에 이르기까지 꼼꼼히 정리한 명저다. 한글 번역도 준수하다.

조광수chobak@ysu.ac.kr

조광수는 국립 대만대학에서 공부했다. 《유가의 군주역할론》으로 정치학 박사 학위를 받았다. 영산대학교 중국학과 교수, 한국 시민윤리학회 회장, 부산 중국연구회 회장, 한국 아나키즘 학회 회장 등을 역임했다.

저서로는 《중국의 아나키즘》, 《유가의 군주론》, 《정치학으로의 산책》(공저), 《중국 정치 산책》(공저) 등과 이른바 '논어 삼부작'이라 할 수 있는 《근혜철수던》, 《나는 서른에 비로소 홀로 섰다》, 《나는 이제 지천명이다》가 있고, 현대 중국을 분석한 《중국이란 코끼리 다루기》가 있다. 논문으로는 〈동아시아 아나키즘 사상과 운동의 시론적 비교〉, 〈유가의 권력론〉, 〈노자의 무위 정치사상〉 등이 있으며, 《허망 삼국지》란 정치 소설도 썼다.

부산 경실련 집행위원장을 역임했으며, 평화반핵군축 시민연대 상임위원장을 맡고 있다. KNN의 TV와 라디오에서 '러시아워 조광숩니다'와 'TV경제 머니머니' 등을 진행했고, '핫이슈 광수 생각'이란 방송 칼럼도 썼다.

현재 동아대학교에서 중국정치사상과 현대중국정치를 가르치고 있다.

논어

초판 1쇄 펴낸날 | 2003년 7월 30일
초판 7쇄 펴낸날 | 2015년 10월 30일
개정 1판 1쇄 펴낸날 | 2019년 10월 30일

지은이 | 공자의 문도들
옮긴이 | 조광수
펴낸이 | 김현태
펴낸곳 | 책세상

서울시 마포구 잔다리로 62-1, 3층 (우편번호 04031)
전화 | 02-704-1251(영업부) 02-3273-1333(편집부)
팩스 | 02-719-1258
이메일 | bkworld11@gmail.com
광고제휴 문의 | bkworldpub@naver.com

홈페이지 | chaeksesang.com 페이스북 | /chaeksesang
트위터 | @chaeksesang 인스타그램 | @chaeksesang 네이버포스트 | bkworldpub

등록 1975. 5. 21 제1-517호

ISBN 979-11-5931-385-1 04150
     979-11-5931-221-2 (세트)

책값은 뒤표지에 있습니다.
잘못되거나 파손된 책은 구입하신 서점에서 교환해드립니다.

• 이 도서의 국립중앙도서관 출판시도서목록(CIP)은 서지정보유통지원시스템 홈페이지
(http://seoji.nl.go.kr)와 국가자료공동목록시스템(http://www.nl.go.kr/kolisnet)에서
이용하실 수 있습니다.(CIP제어번호 : CIP2019040515)

책세상문고 · 고전의 세계

책세상문고·고전의 세계